ERFOLGREICH IM AUSLAND: ÜBERSETZUNGEN FÜR SELF-PUBLISHER

LASSEN SIE IHR BUCH ÜBERSETZEN!

S. C. SCOTT

Übersetzt von
PETRA C. REIKER

Erfolgreich im Ausland: Übersetzungen für Self-Publisher

Copyright © 2018 S.C. Scott

Alle Rechte vorbehalten. Kein Teil dieses Buches darf ohne ausdrückliche schriftliche Genehmigung des Autors und des Herausgebers vervielfältigt, vertrieben oder in irgendeiner Form übermittelt, in Datenbanken oder Abfragesystemen gespeichert werden. Das Scannen, Hochladen und der Vertrieb dieses Buches über das Internet oder ein anderes Medium, ohne die ausdrückliche Erlaubnis des Herausgebers, ist illegal und kann strafrechtlich verfolgt werden.

Bitte erwerben Sie nur autorisierte elektronische Versionen und beteiligen sich nicht an der elektronischen Piraterie von urheberrechtlich geschütztem Material. Vielen Dank, dass Sie die Rechte des Autors unterstützen.

Creative Minds Media

ebook ISBN 978-1-989268-09-4

Übersetzt von Petra C. Rieker

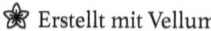 Erstellt mit Vellum

ERFOLGREICH IM AUSLAND: ÜBERSETZUNGEN FÜR SELF-PUBLISHER

Achtung, fertig, los!
Der Goldrausch für Self-Publisher ist noch nicht vorbei... Fakt ist, dass der Goldrausch außerhalb der englischsprachigen Märkte gerade erst begonnen hat.
Finden Sie neue Leser, neue Märkte und verdienen Sie mehr Geld, indem Sie Ihr Buch in weitere Sprachen übersetzen lassen.
Es ist einfacher als Sie denken!
Lernen Sie, wie Sie
- die gewinnbringendsten Märkte innerhalb Ihres Genres entdecken,
- die besten Übersetzer finden,
- Ihr Buch ohne Vorabinvestionen übersetzen lassen,
- Ihre Rechte schützen und nutzen,
- parallele Einkommensströme für Ihre Bücher generieren, neue Leser erreichen, neue Märkte erobern und mehr verdienen!

Wenn Sie dieses Buch durchgelesen haben, dann werden Sie sich fragen, warum Sie es nicht schon längst angegangen sind... aber es ist nie zu spät!

Tatsächlich war die Zeit nie besser, um neue Märkte zu erobern, neue Leser zu erreichen und mehr Geld zu verdienen!

1

LITERATURÜBERSETZUNG - EIN WEITES FELD

EINFÜHRUNG

Willkommen in der wunderbaren Welt der literarischen Übersetzung. Heutzutage ist es einfacher denn je, seine Bücher Lesern auf der ganzen Welt näherzubringen.

Ich habe dieses Buch für Sie geschrieben, für Autoren, die neue Märkte erobern, ihre Verkaufszahlen erhöhen und ihren Leserkreis erweitern möchten. Als ich mich damals mit Buchübersetzungen und mit den Fragen der Nutzungs- und Verwertungsrechte beschäftigt habe, konnte ich dazu kaum Informationen finden. Die meisten Antworten fand ich nach dem Trial-and-Error-Prinzip und das Bisschen, das ich zusammentragen konnte, war meistens schon veraltet. Und es war ganz sicher nicht auf die Bedürfnisse von Self-Publishern (oder auch Indie-Autoren) des 21. Jahrhunderts zugeschnitten.

Das Buch selbst habe ich so kurz wie möglich gehalten, damit Sie es Schritt für Schritt als Wegweiser entlang Ihres eigenen Übersetzungsabenteuers nutzen können. Ich bin zudem davon ausgegangen, dass Sie bereits Bücher im Selbstverlag veröffentlicht haben und deshalb mit diesem Aspekt bestens vertraut sind. Sollte dies nicht der Fall sein, so gibt es jede Menge hervorragender Bücher, die sich mit dem Veröffentlichen an sich und damit verwandten Themen auseinandersetzen, weshalb ich hier nicht nochmals darauf eingegangen bin.

Ich würde Ihnen unbedingt empfehlen, das vorliegende Buch zunächst ganz durchzulesen, bevor Sie mit Ihrem Übersetzungsprojekt starten. Sich vor Beginn ein Bild vom Großen und Ganzen zu verschaffen, wird Ihnen später Zeit und Mühe sparen. Dieses Buch gibt Ihnen zunächst einen umfassenden Überblick, bevor es weiter ins Detail geht, da ich glaube, dass dies der beste Weg ist, um die Konzepte zu verstehen, die hinter erfolgreichen Übersetzungen stehen. Ich hoffe, dass Sie dadurch auch das notwendige Selbstvertrauen bekommen. Vor allem aber möchte ich Sie vor einigen meiner eigenen Anfängerfehler bewahren. Sobald wir uns die Grundlagen angeschaut haben, werden wir tief in die Materie einsteigen.

Sie brauchen sich keine Notizen zu machen. Auf alle Fragen, die Sie zu Anfang haben, werden Sie in den nachfolgenden Kapiteln detailgenaue Antworten bekommen. Am Ende des Buches finden sich zudem Checklisten, in denen die wichtigsten Punkte noch einmal zusammengefasst werden.

Sollten Sie sich dafür entscheiden, das Buch in einer anderen Reihenfolge zu lesen - auch gut! Jeder lernt auf eine andere Art und nimmt Informationen unterschiedlich auf.

Danke fürs Lesen. Ich hoffe, dass es für Sie hilfreich und nützlich sein wird.

Unterschiedliche Einkommensquellen

Für uns Autoren sind unsere Bücher wie eine Erweiterung unserer selbst. Sie sind es deshalb, weil wir durch sie geistiges Eigentum schaffen. Doch es sind eben auch Produkte, die wiederum unterschiedliche Formen annehmen können. Sobald man sich diese Geisteshaltung zu eigen gemacht hat, fragt man sich wahrscheinlich, warum man noch nie über Übersetzungen nachgedacht hat.

Stellen Sie sich jedes Buch als ein eigenständiges Wirtschaftsgut vor, aus dem sich weitere Rechte ableiten lassen. Die meisten Autoren träumen davon, dass ihre Bücher einmal verfilmt werden und viele haben bereits Taschen- oder Hörbücher veröffentlicht. Doch ein Gebiet, das meist nicht in Betracht gezogen wird, ist das der Übersetzung. Lassen Sie Ihr Buch in neun weitere Sprachen übersetzen, dann werden aus einem Buch urplötzlich zehn. Der reinste Einkommensmultiplikator!

Aber warten Sie - es kommt noch besser!

Aus jedem übersetzten Buch können wiederum weitere Produkte entstehen. So kann man beispielsweise neun neue Hörbücher produzieren. Und auf einmal ist Ihr Buch nicht mehr nur *ein* E-Book, *ein* Taschenbuch und *ein* Hörbuch wie in der Ausgangssprache. Wenn Sie Ihr Buch in neun weitere Sprachen übersetzen lassen, dann haben Sie (9 + 1) x 3 unterschiedliche Formate, anstatt lediglich drei. Erstaunlich, nicht?

Vielleicht sind Sie ja auch schon zu dieser Erkenntnis gekommen, dachten sich jedoch, dass die Erfolgschancen, außer für eine Handvoll Bestsellerautoren, eh sehr gering sind. Obwohl Ihr Buch schon einen gewissen Erfolg gehabt haben sollte, damit es sich auf anderen Märkten verkauft, so gibt es doch immer noch jede Menge Bücher, die zwar in ihrem Heimatland keine Bestseller sind, in denen aber trotzdem ein großes Potential steckt, wenn es um Übersetzungen in andere Sprachen geht. Ihr Buch könnte eines davon sein!

Alles was Sie tun müssen, ist jemanden für die Übersetzung zu finden, Verträge abzuschließen und auf die Übersetzung des Buches zu warten. Es ist fast so einfach... aber eben doch nicht ganz. Sie müssen schon ein bisschen Vorarbeit leisten, damit am Ende auch ein gutes Produkt daraus wird. Ihr Autorenname ist Ihre Marke und Ihr Erfolg oder Misserfolg hängt von der Qualität der Übersetzung ab.

Die Qualität der Übersetzung hängt wiederum vom Talent des Übersetzers ab. Entscheidet man sich für einen schlechten Übersetzer[1], so kann das Ihrer Reputation schaden. Die Suche und Auswahl eines Übersetzers kann anfangs sehr zeitintensiv sein, doch die Mühe lohnt sich. Ein guter Übersetzer kann Ihnen neue Märkte eröffnen und Ihr Buch einer ganz neuen Leserwelt zugänglich machen. Vielleicht wird der eine oder andere sogar Ihr größter Fan.

Wenn Sie dieses Buch lesen, dann gehe ich davon aus, dass Sie entweder

- ein Self-Publisher sind, der sich gerne weitere Märkte erschließen möchte,
- ein Autor sind, der seine Nutzungsrechte vertraglich noch nicht an Dritte übertragen hat und gerne wissen möchte, wie er diese zu Geld machen kann
- oder ein Jungautor beziehungsweise ein etablierter Autor sind, der all seine Optionen sowie das Potential neuer Märkte und wie man sie erobern kann, verstehen möchte.

Vielleicht ist Ihr Buch ja schon ein Bestseller in Ihrer Landessprache oder Sie sind gerade noch dabei, Ihren Leserkreis auszuweiten. Es ist, ganz abgesehen von Ihrer derzeitigen Situation, immer vorteilhaft herauszufinden, wie man seine Karriere selbst in die Hand nehmen kann. Und das schließt ein Wachstum durch Übersetzungen in andere Sprachen mit ein.

Doch Ihr Problem ist, dass Sie nicht wissen, wie Sie das Ganze angehen können. Oder ob Sie überhaupt damit beginnen sollen? Manchmal zahlen sich Übersetzungen aus, manchmal nicht. Aus diesem Grunde ist es wichtig, dass Sie Ihre ganz persönlichen Einkommensmöglichkeiten und Ihren Zeit- und Geldaufwand kennen. Wer sich seiner Optionen bewusst ist, kann seine Erfolgschancen enorm erhöhen.

Ziel dieses Buches ist, Ihnen einen Überblick über den Markt zu vermitteln und Ihnen das Wissen und die notwendigen Instrumente an die Hand zu geben, damit Sie Ihre eigenen Erfolgschancen nutzen können. Selbst wenn Sie Ihre Nutzungsrechte bereits an einen anderen Verlag übertragen haben, so ist es generell wichtig, dass man seine Möglichkeiten kennt. In der schnelllebigen Verlagswelt von heute kann man unter vielen Optionen wählen, das gilt sowohl für Ihre bereits erschienenen als auch für Ihre zukünftigen Bücher.

Es ist hilfreich, wenn Sie die Wege kennen, die Ihnen offen stehen. Auf diese Weise können Sie Ihren Entscheidungsprozess in die richtige Richtung lenken. Wenn Sie Ihre Nutzungsrechte bereits Dritten übertragen haben, dann haben Sie meist auch nicht mehr weiter darüber nachgedacht. Bisher waren diese Nutzungsrechte wie brach liegendes Geld, da diese Märkte für Sie als Autor nicht mehr zugänglich waren. Vielleicht sind Sie aber auch ein Self-Publisher, der sich hin- und her überlegt, ob er seine Rechte lieber übertragen oder behalten soll.

Ganz abgesehen von der jeweiligen Situation hatten bisher sprachliche, kulturelle oder materielle Hürden dazu geführt, dass man den Einstieg in die ausländischen Märkte selbst nicht schaffen konnte. Man benötigte einen Literaturagenten und einen Verlag im Ausland, um sein Buch in einer anderen Sprache zu publizieren und selbst dann hat es sich selten finanziell gelohnt. Doch das hat sich alles geändert.

Die Digitaltechnologien haben den Selbstverlag weltweit ermöglicht und wirtschaftlich lohnenswert gemacht. Es gibt viele Möglichkeiten Ihr Buch in unterschiedlichste Sprachen übersetzen zu lassen und der Weg, den Sie dafür einschlagen kann darüber entscheiden, ob Ihr Buch Gewinn erwirtschaftet oder nicht. Dabei ist es äußerst wichtig, dass Sie wissen, welche Optionen Ihnen offen stehen. Das gilt sowohl für Ihre bereits veröffentlichten Bücher, als auch für Bücher, die Sie in der Zukunft veröffentlichen wollen.

Vielleicht sollten Sie Ihre Nutzungsrechte sogar wieder zurückfordern. Auf jeden Fall wird Ihnen dieses Buch einen tieferen Einblick geben, wie Sie Ihre Nutzungsrechte zukünftig zu Geld machen können. Das gesamte Spektrum an Möglichkeiten zu kennen, wird Ihnen dabei helfen, eine fundierte Entscheidung zu treffen. Es gibt allerdings nicht nur den einen richtigen Weg, sondern es ist vielmehr der Weg, der am besten zu Ihnen passt.

Die Zeiten ändern sich

Es ist noch gar nicht so lange her, da gab es nur einen einzigen Weg, den man gehen konnte, um sein Buch in andere Sprachen übersetzen zu lassen und der führte über einen Literaturagenten oder ein Verlagshaus. Man übertrug seine Nutzungsrechte an seinen Verlag, der dann die Rechte wiederum an einen international tätigen Literaturagenten oder an ein Verlagshaus im Ausland verkaufte. Dadurch waren viele Leute involviert und jeder von ihnen machte seinen Schnitt, so dass es für den Autor meist nichts anderes als ein Minusgeschäft war.

Autoren gehen teilweise davon aus, dass sich mit Übersetzungen kein Geld verdienen lässt, doch oftmals liegt es nur daran, dass das Geld unter zu vielen aufgeteilt wird und für den Autor nur ein kleiner Teil ganz am Ende der Nahrungskette übrig bleibt. Autoren, die Verträge hinsichtlich ihrer Nutzungsrechte im Ausland abgeschlossen haben sehen meist nur ihre Nettoerträge, ohne umfangreiches Zahlenwerk und kennen meist nicht einmal die Bruttoerträge ihrer Bücher.

Hinzu kommen sprachliche Barrieren und eine schier endlose Bürokratie, die das Ganze noch verkompliziert. Viele Autoren, die ihre Werke in andere Sprachen übersetzen ließen, haben oftmals nicht mehr als einen kleinen Vorschuss erhalten. Rechnet man noch das dürftige oder zum Teil nicht existierende

Vertriebs-Reporting hinzu, dann verwundert es nicht, dass viele Autoren glauben, Buchübersetzungen seien die Mühe nicht wert. Doch mit den Digitaltechnologien hat sich das alles verändert. Das Internet bringt Übersetzer und Autoren auf eine ganz neue Art zusammen. Auch gibt es mittlerweile ein automatisiertes Reporting, Online-Vertriebsplattformen und effiziente Vertriebssysteme. Man braucht heute niemanden mehr in der Mitte, der die Vertragsverhandlungen durchführt und sich dafür seinen Teil holt. Man kann direkt mit dem Übersetzer in Kontakt treten und sein Buch auf demselben Wege veröffentlichen, wie man das mit seinem Ausgangswerk getan hat, da die meisten Barrieren durch die Digitalisierung gefallen sind.

Der springende Punkt ist, dass sich die Dinge rasch verändern und sich somit für Autoren jeden Tag neue Möglichkeiten eröffnen. Deshalb ist es wichtiger denn je, dass Sie Ihre Entscheidungen auf der Grundlage von fundiertem Wissen treffen, egal welchen Weg Sie nachher einschlagen. Ich für meinen Teil möchte als Urheber des Werkes an der Spitze der Nahrungskette stehen. Sie etwa nicht?

Ich hoffe, dass Sie mit diesem Buch einige meiner Anfängerfehler vermeiden können und was viel wichtiger ist, den enormen Wert Ihres geistigen Eigentums in Geld verwandeln können. Sie haben die Möglichkeit weit mehr mit Ihren Büchern zu verdienen, wenn Sie diese in andere Sprachen übersetzen lassen.

Warum ich meine Bücher übersetzen lasse

Ich schreibe Thriller und Mystery-Thriller unter Pseudonym, die ich bereits über unterschiedlichste Vertriebsplattformen wie Amazon, Apple iBooks, Barnes & Noble, Google Play und Kobo, aber auch über kleinere Verlage, veröffentlicht habe.

Vor acht Jahren habe ich damit begonnen, meine Bücher übersetzen zu lassen. Damals konnte man so gut wie keine

Informationen aus dem Internet bekommen. Ich musste es also nach dem Trial-and-Error-Prinzip lernen. Für Autoren, die nach vorne blicken und Neuem gegenüber offen sind, bieten sich enorme Chancen. Allerdings muss man schon ein bisschen Arbeit investieren. Ich möchte meine Erfahrungen mit Ihnen teilen und hoffe, dass es für Sie dadurch so einfach wie möglich wird und Sie so schneller Ihren Weg zum Erfolg finden.

Ich bin davon überzeugt, dass man sein Einkommen aus verschiedenen Quellen beziehen oder besser gesagt, nicht alles auf eine Karte setzen sollte. Obwohl ich hauptberuflich Autorin bin, stellt das Schreiben nicht meine einzige Einkommensquelle dar. Neben meinen Einkünften aus der schriftstellerischen Tätigkeit beziehe ich zudem ein passives Einkommen aus meinen Finanzanlagen und führe nebenher noch ein kleines Unternehmen.

Als Investorin weiß ich, dass ich meine Investments aufteilen muss, um das Risiko zu streuen für den Fall, dass sich eine Anlage völlig schief entwickeln und zu einem Totalausfall führen sollte. Doch bei einer Diversifikation geht es nicht nur um die Sicherheit, sondern auch um neue Möglichkeiten. Mit meinen Bücher verfolge ich die gleiche Strategie: Ich sehe sie als strategische Investitionen, bin offen für neue Geschäftsmöglichkeiten und versuche mein Risiko soweit wie möglich zu reduzieren.

Ich glaube, dass durch eine Diversifikation nicht nur das Risiko gestreut werden kann, sondern auch, dass sich dadurch Chancen maximieren lassen.

Abgesehen davon, dass man in unterschiedlichen Genres schreibt, gibt es noch weitere Möglichkeiten der Diversifikation, etwa durch Hörbücher, Taschenbücher und Hardcovers. Über unterschiedliche Vertriebsplattformen anstatt nur über eine einzige Plattform zu publizieren ist eine weitere Möglichkeit der Diversifikation. Natürlich kann man auch dagegen argumentieren und einige Autoren sind der Meinung, dass sie ihren

Umsatz dadurch maximieren, indem sie sich auf nur eine Plattform konzentrieren.

Sie können sogar beides tun. Vielleicht entscheiden Sie sich dafür, Ihr Ausgangswerk exklusiv über Kindle Select zu vertreiben, während Sie Ihre in andere Sprachen übersetzten Bücher breiter vertreiben. Es gibt sehr viele Möglichkeiten sein eigenes Book-Business auszuweiten. Übersetzungen sind mit der beste Weg, um in neue Märkte einzudringen und vor allem, um mit seiner literarischen Aktiva Geld zu erwirtschaften.

Jeder neue literarische Aktivposten kann Ihre Leserschaft erweitern. Indem Sie Ihre Produktlinie ausweiten, erhöhen Sie auch Ihr Einkommen - zumindest in der Theorie. Natürlich muss Ihr Werk generell erst einmal vermarktbar sein. Die Marktfähigkeit in einer Sprache garantiert jedoch noch nicht, dass dies auch auf andere Sprachen, Länder oder Regionen zutrifft. So weicht der Geschmack der Leser, was Fiction und Non-Fiction anbelangt, zwischen unterschiedlichen Ländern, Regionen und Sprachen weit voneinander ab. Das sollten Sie in Betracht ziehen, bevor Sie an den Start gehen. Doch wenn Sie ein gutes Buch, im richtigen Genre und in der passenden Sprache geschrieben haben, dann gibt es auch einen Markt dafür.

So scheint der Liebesroman ein Genre zu sein, das in allen Sprachen gleich beliebt ist. Doch dieses weitreichende Genre hat wiederum ein Vielzahl von Subgenres, deren Beliebtheit in unterschiedlichen Kulturkreisen, Sprachen und Leserschaften sehr verschieden ist. Wenn Sie Science-Fiction, Fantasy, Mystery-Thriller oder generell Thriller schreiben, dann gibt es ebenfalls ausreichend Märkte für Sie.

BEHALTEN SIE DIE KONTROLLE!

Durch die Digitalisierung ist es möglich, die Kontrolle über sein geistiges Werk zu behalten und dadurch mehr Personen zu erreichen als jemals zuvor. Heutzutage veröffentlichen viele

Autoren direkt über Vertriebsplattformen wie Amazon oder Apple und umgehen so den klassischen Weg über einen Verlag. Die traditionellen Verlage waren noch bis vor kurzem die Gatekeeper und entschieden darüber, was publiziert wird und was nicht.

Die Bücher einiger Auserwählten wurden dann sogar nach Übertragung der Nutzungsrechte in weitere Sprachen übersetzt. Letztendlich aber haben die meisten Autoren nur wenig Geld gesehen.

Doch das hat sich alles geändert. Jedoch kommen mit jeder Chance auch neue Probleme auf und mögliche Fallstricke hinzu. Manche nehmen lieber alles selbst in die Hand, während andere lieber jemanden haben, der sie durch alles durchnavigiert. Die gute Nachricht ist, dass Sie den Weg gehen können, der am besten zu Ihnen passt. Dieses Buch gibt Ihnen alle Informationen an die Hand, die Sie brauchen, um eine fundierte Entscheidung treffen zu können.

Ich habe meine Bücher in den letzten Jahren in viele Sprachen übersetzen lassen und ich habe dies auch noch für weitere Bücher vor. Ich bin in der glücklichen Lage, dass meine Ausgangssprache Englisch ist, eine der ersten Sprachen, die von E-Book-Lesern gut angenommen wurde. Ich bin davon überzeugt, dass das Thema Selbstverlag noch ziemlich am Anfang steht. Es gibt noch jede Menge Märkte und Leser, die nach Büchern suchen, die von Autoren wie mir geschrieben wurden. Es ist toll, selbst zu entscheiden, welche Bücher man gerne verkaufen möchte und auf welchen Märkten. Ich liebe die Möglichkeit, Entscheidungen eigenständig treffen und schnell auf Marktveränderungen reagieren zu können.

Es gibt noch mehr zu verkaufen

Sie haben bereits Ihr Buch geschrieben und haben damit ein Produkt, dass Sie verkaufen können. Warum sollten Sie es nicht in so viele Sprachen wie möglich übersetzen lassen? Jede weitere Sprache steht für einen weiteren Einkommensstrom. Alles was Sie jetzt noch brauchen ist jemand, der es Ihnen in eine andere Sprache übersetzt. Ganz einfach, oder?

Das mögen Sie vielleicht denken, aber ....

Übersetzen ist, wie das Schreiben selbst, eine Kunstfertigkeit. Sollten Sie jemals eine maschinelle Übersetzungssoftware wie Google Translate benutzt haben und sich sowohl in der Ausgangs- als auch der Zielsprache zu Hause fühlen, dann wissen Sie, dass jede Sprache ihre eigenen Nuancen hat, die bei einer Übersetzung oft und leicht verloren gehen kann.

Satzstrukturen, die Konjugation von Verben und die Bedeutung einzelner Wörter unterscheiden sich quer durch die jeweiligen Sprachen. Die Sprachen selbst unterscheiden sich wiederum durch die regionale Bedeutung einzelner Wörter und durch unterschiedliche Dialekte. Das sieht man beim Vergleich von amerikanischem und britischem Englisch oder dem Spanisch, das in Spanien gesprochen wird und dem, das man in Lateinamerika spricht. Leichte Unterschiede werden für gewöhnlich quer durch die Regionen verstanden, große Unterschiede allerdings werden nicht toleriert oder teilweise sogar überhaupt nicht verstanden. Und selbst wenn sie verstanden werden sollten, will man den Leser nicht durch eine unbekannte Terminologie oder Satzstruktur aus der Geschichte reißen. Man will, dass das Buch den gleichen Lesefluss wie in der Ausgangssprache hat.

Ihr Übersetzer schreibt Ihr Buch quasi von Anfang bis Ende nochmals neu. Deshalb ist es wichtig, jemanden zu finden, der nicht nur die Wörter anhand ihrer Bedeutung übersetzt, sondern auch den Ton und die Stimmung des Buches transportieren kann. Der übersetzte Thriller/Mystery-Thriller muss denselben Spannungsbogen und Nervenkitzel haben.

Mit einer guten Übersetzung lassen sich weit mehr Bücher verkaufen, als mit einer mittelmäßigen. Eine schlechte Übersetzung wird dazu führen, dass ihr Ruf geschädigt wird und die

Leser sich vom Kauf weiterer Bücher abwenden werden. Zum Glück gibt es Möglichkeiten sicherzustellen, dass man Erstere bekommt, was wir in den nachfolgenden Kapiteln auch tun werden. Einige von Ihnen werden vielleicht sogar das seltene Glück haben, einen derart talentierten Übersetzer zu finden, dessen Übersetzung noch besser ist als der Ausgangstext.

Ich werde Ihnen jedenfalls alle Informationen liefern, die notwendig sind, damit auch Sie Ihren erstklassigen Übersetzer finden und Ihre Bücher weltweit vermarkten können. Also, es kann losgehen!

2
BRAUCHT MAN BUCHÜBERSETZUNGEN? UND WARUM SIE ES ANGEHEN SOLLTEN

Es gibt viele Gründe, warum Sie Ihr Buch in andere Sprachen übersetzen lassen sollten. Sie können dadurch neue Leser finden. Menschen, die Ihre Sprache nicht sprechen oder nicht lesen können, werden Ihre Werke nie kennenlernen, solange sie nicht in ihrer Sprache veröffentlicht werden. Übersetzungen ermöglichen es Sprachbarrieren zu überwinden und mit Lesern in Verbindung zu treten, die Sie sonst nie erreicht hätten.

Die überwiegende Meinung ist, dass man bereits einen Bestseller geschrieben haben muss, bevor es sich überhaupt lohnt, ein Buch übersetzen zu lassen und dass selbst damit noch ein gewisses Risiko verbunden ist. Meiner Ansicht nach ist das übertrieben. Dennoch sollte es Ihr Buch im jeweiligen Genre zu einem gewissen Erfolg gebracht haben, bevor Sie sich aufmachen, um neue (und oftmals kleinere) Märkte zu erschließen. Sind Märkte kleiner, so bedeutet das nicht automatisch, dass sich Ihr Buch schlechter verkaufen wird. Es gibt dort oftmals weniger Konkurrenz und deshalb lassen sich dort oft höhere Preise durchsetzen. Etwas, das gern vergessen wird, wenn man versucht, seine Nutzungsrechte zu bewerten. Dennoch müssen Sie Ihre

Bücher einer kritischen Einschätzung unterziehen, wenn Sie sich überlegen, andere Märkte in Betracht zu ziehen. Das ist der erste wichtige Schritt, bevor Sie sich dazu entschließen weiterzumachen.

Bücher, die sich in ihrem Heimatland nicht als Verkaufsschlager erwiesen haben, können in einer anderen Sprache zu einem großen Erfolg werden. Das ist zwar eher die Ausnahme als die Regel, aber es kommt häufiger vor als man denkt. Trotzdem rate ich generell davon ab, ein Buch übersetzen zu lassen, dass sich bisher schlecht verkauft hat. Denn meist liegt es an denselben Gründen, weshalb es sich dann auch in weiteren Sprachen schlecht verkauft. Aber wenn Sie ein gut geschriebenes Buch mit ebenso guten Kundenrezensionen und ordentlichen Umsätzen haben, dann wird es sich auch auf anderen Märkten gewinnbringend verkaufen lassen. Es gibt viele Beispiele für Bücher, auf die genau das zugetroffen hat.

Neben den reinen Verkaufszahlen sollte man noch weitere Aspekte in Betracht ziehen. Die einzelnen Märkte unterscheiden sich beträchtlich hinsichtlich der Sprachen, den Ländergewohnheiten und den Genres. So sind englischsprachige Übersetzungen heimeliger Mystery-Thriller sehr beliebt, verkaufen sich jedoch schlecht in der spanischen Version. In fast allen Ländern und fast allen Sprachen zählen Liebesromane zu den beliebtesten Genres, doch aufgrund des unterschiedlichen Geschmacks und kulturellen Hintergrunds variiert der Erfolg in den einzenen Subgenres teilweise stark.

Thriller und Kriminalromane scheinen auf der Nordhalbkugel am beliebtesten zu sein. Das liegt vielleicht an den langen Wintern. Letztendlich ist es auch hier wie in der Modebranche. Trends kommen und gehen. Um zu sehen, ob sich eine Übersetzung lohnt, ist es am besten, wenn man die Märkte im Land der Zielsprache eingehend analysiert. Findet man dort ähnliche Bücher, dann lohnt es sich vermutlich, einen Blick darauf zu werfen.

Momentan ist Amazon der führende Anbieter in den meisten englischsprachigen Ländern, obwohl Kobo in Kanada die Nummer eins ist und auch in Australien und Neuseeland sehr beliebt ist. In Nordamerika und Großbritannien sehen wir die Welt durch die rosa Amazon-Brille, doch Amazon steht nicht in allen Ländern auf Platz eins. Amazon hat in den meisten Ländern nicht einmal einen Online-Versandhandel. In Frankreich ist Fnac.com beispielsweise der populärste Online-Buchhändler. Amazon rangiert kurz dahinter. In Italien gibt es viele Buchverlage darunter auch Mondadori. Trotzdem ist Amazon dort sehr verbreitet.

Die Preise für übersetzte Bücher können in manchen Sprachen sehr viel höher ausfallen als in anderen. Das hängt hauptsächlich vom Angebot und der Nachfrage ab. Der englischsprachige Buchmarkt ist der wichtigste, was das Angebot und die Vielfalt der Bücher anbelangt. Die Konkurrenz ist dort allerdings am größten und das Preisniveau am niedrigsten. Viele Autoren konzentrieren sich ausschließlich auf die wichtigsten Märkte, wie den englischen oder den deutschen Markt. Sie könnten jedoch teilweise höhere Gewinne auf unterrepräsentierten Märkten erzielen, dort wo ihre Bücher aus der Masse herausstechen. Mit einem erfolgreichen Buch kann man in einem gefragten Genre höhere Preise fordern, für einen gut geschriebenen Roman zum Teil 9,99 Dollar und mehr. Ich behalte lieber 70 Prozent von 9,99 Dollar als 30 Prozent von 99 Cents. Um 9,99 Dollar zu erwirtschaften muss ich 23 Bücher zum Preis von 99 Cents verkaufen.

Ein weiterer Vorteil einer Übersetzung ist der einer erhöhten Sichtbarkeit, vor allem wenn auf dem Zielmarkt weniger Konkurrenz herrscht. Es ist einfacher einen Bestseller in einem weniger belebten Markt zu landen. Könnte Ihr Buch vielleicht der nächste Bestseller sein?

Durchforsten Sie die Bestseller in der Sprache, die Sie in Betracht ziehen, um herauszufinden, ob dort vergleichbare

Bücher erfolgreich sind. Die Bestseller können innerhalb eines Landes sogar von Händler zu Händler stark variieren, deshalb sollten Sie herausfinden, welche Buchhändler in den jeweiligen Ländern am bekanntesten sind und diese als Ihre Wegweiser benutzen. Dann sehen sie Sie sich an, welche Genres sich dort am besten verkaufen. Gehört Ihr Genre dazu? Wenn ja, dann könnte sich eine Übersetzung lohnen.

Es ist auch wichtig zu wissen, dass die Nummer eins auf der brasilianischen Amazon-Bestsellerliste nicht das gleiche Verkaufsvolumen hat, wie die Nummer eins auf der amerikanischen. Der brasilianische Markt ist viel kleiner, was die Anzahl der Leser angeht und die Verkaufspreise dort sind weitaus niedriger. Das heißt: Sie bekommen weniger Geld.

Auf der anderen Seite gibt es auch weniger portugiesische Bücher in den Läden, als englischsprachige Bücher bei Amazon.com. Ein insgesamt kleineres Marktvolumen bedeutet natürlich auch, dass man weniger verkaufen muss, um die Nummer eins auf der Bestsellerliste zu werden. Das bedeutet, dass Sie auch besser sichtbar werden und diese bessere Sichtbarkeit selbst wird wiederum zu höheren Buchverkäufen führen.

Dies soll verdeutlichen, dass immer verschiedene Variablen gleichzeitig miteinander agieren. Märkte, die einem zunächst zu klein erscheinen, können sich bei Betrachtung aller Faktoren, das gilt insbesondere für Wachstumsmärkte, als sehr profitabel erweisen. Doch sollten Sie zunächst nicht davon ausgehen, dass Ihnen ein Bestseller in Brasilien gleich mehrere tausend Euros einbringen wird. Denn das wird er nicht. Zumindest derzeit noch nicht.

Sie wissen sehr wahrscheinlich, dass Stieg Larssons Millennium-Trilogie im Original auf Schwedisch erschienen ist. In Schweden verkaufte sie sich gut, doch die deutsche Übersetzung fand keinen großen Anklang. Dann wurde es ins Englische übersetzt und die Verkaufszahlen explodierten in Nordamerika, Großbritannien und ... schließlich auch in Deutschland. Die englische Version wirkte wie ein Katalysator und brachte die deutschen Leser letztendlich dazu, auf die deutsche Version aufmerksam zu werden. Wenn Sie Ihre Bücher auf verschiedene Märkte bringen, dann kann das zu exponentiellen Steigerungen führen. Vielleicht wird Ihr Buch ja der nächste große Erfolgstitel.

GESTERN, heute und morgen

Noch vor ein paar Jahren gab es nur einen Weg, um auf ausländischen Märkten Fuß zu fassen und der führte über einen Literaturagenten im Ausland, den man wiederum über seinen eigenen Agenten vermittelt bekam. Man bezahlte einen gewissen Prozentsatz des eigenen Vorschusses an seinen Agenten und den Agenten im Ausland. Das Konzept, hohe Provisionen zu zahlen, wurde mangels Alternativen akzeptiert. Es gab zu viele Beteiligte in der Mitte und jeder von ihnen machte seinen Schnitt. Das führte dazu, dass die meisten Autoren, abgesehen von einem geringen Anteil Ihres Vorschusses, keinen Cent mehr sahen.

Viele Autoren sind deshalb der Meinung, dass sich Übersetzungen nicht lohnen, weil sie bisher für sie nicht lukrativ waren. Aber sie sind lukrativ - zumindest für die Beteiligten in der Mitte - für Ihren Verleger, den Verleger im Ausland und die ein oder zwei Agenten. Wären sie es nicht, dann würde Ihr Verleger bei der Unterschrift Ihres Verlagsvertrages nicht so sehr darauf beharren, Ihre ausländischen Nutzungsrechte zu bekommen.

Irgendjemand macht damit Geld und es wird Zeit, dass Sie das sind! Die Zeiten ändern sich und mit ihnen die Modelle.

Vor langer Zeit, als es noch kein Internet gab, war dies alles nicht möglich. Sogar noch vor ein paar Jahren, war es schwer die Sprachbarrieren zu durchbrechen. Den Selbstverlag gab es damals nicht. Das hat sich alles verändert und wer heute etwas im Selbstverlag publiziert, dem eröffnet sich eine Welt voller neuer Möglichkeiten. Durch die Technologie sind die Schranken gefallen und es sind neue Plattformen entstanden, durch die es uns gelingt, mehr Leser als je zuvor zu erreichen.

Tools wie Google Translate machen es möglich, etwas schnell und einfach in unsere eigene Sprache zu übersetzen. Es handelt sich dabei um Wort-für-Wort-Übersetzungen, die nicht gerade schön sind, aber ihren Zweck erfüllen. Mit einem Mausklick erhält man plötzlich eine Übersetzung, die gut genug ist, um zumindest die Aussage einer Internetseite, eines Artikels oder eines Textes schnell zu erfassen. Sollten Sie sich an dieser Stelle wundern, dann will ich eines klarstellen: Benutzen Sie auf keinen Fall Google Translate für die Übersetzung Ihres Buches! Es wird niemals die Übersetzung eines Literaturübersetzers ersetzen können. Zumindest derzeit noch nicht.

Das traditionelle Verlagswesen und die Nutzungsrechte

Wer bisher auf dem traditionellen Weg veröffentlicht hat, hat mit seinem Verlagsvertrag typischerweise seine Nutzungsrechte an den Verlag für 70 Jahre und mehr abgetreten. Das umfasst Ihr ganzes Leben und möglicherweise auch das Ihrer Kinder! Ich fand das schon immer rigoros, aber so war es eben immer und ist es immer noch. Wenn Sie ihre Nutzungsrechte an Ihren Verlag übertragen haben, dann werden das vergleichbare Klauseln sein.

Selbst wenn Klauseln dieser Art nicht optimal sind, so haben Sie damit wenigstens keine Arbeit. Die Frage bleibt, ob es, verglichen mit den Opportunitätskosten, am Ende wert war, dass man seine Rechte aufgegeben hat. Wie wollen Sie jemals wissen, was gewesen wäre, wenn? Die Honorarabrechnungen sind so undurchsichtig, dass man wahrscheinlich nie wissen wird, auf wie viel Geld man verzichtet hat. Es sei denn, man entscheidet sich dazu, die heutigen Möglichkeiten in Betracht zu ziehen und den Vergleich einmal selbst zu machen.

Sieht man vom Vorschuss einmal ab, bekommt man, wenn man mehr als die Höhe des Vorschusses verkauft, einen gewissen

Prozentsatz vom Netto-Buchpreis. Dieser fällt in der Regel gering aus. Erinnern Sie sich noch an all die Beteiligten in der Mitte? Sie ziehen ihre Provisionen und Ausgaben zuvor immer ab, bevor der Autor, der das Buch erschaffen hat, Geld sieht. Dadurch bleibt viel weniger Geld für Sie selbst, den Autor, übrig.

Das ist einer der Gründe, weshalb viele Autoren glauben, dass sich Übersetzungen für sie nicht lohnen, da sie nie Geld sehen werden. Oft wird angenommen, dass es an den zu kleinen Märkten liegt oder dass sich das Buch in einer anderen Sprache eben schlechter verkaufen lässt. Davon stimmt manches, manches aber auch nicht. Meist liegt der Grund jedoch an dem geringen Ertrag, der für den Autor übrig bleibt, nachdem alle Beteiligten in der Mitte ihre Provisionen bekommen haben.

Das traditionelle Verlagswesen hat zweifelsohne seine Vorteile. Man unterschreibt, kann dann erst einmal gedanklich alles beiseite legen und überlässt die ganzen Sorgen rund um die Veröffentlichung und Vermarktung anderen. Traditionelle Verlagshäuser können vielleicht bessere Druckauflagen bieten, denn sie können Ihr Buch gleich in mehrere Läden bringen (zumindest theoretisch). Aber heutzutage haben Self-Publisher die Möglichkeit die gleichen Vertriebskanäle zu nutzen, wie Autoren, deren Bücher auf traditionellem Weg verlegt werden. Das kann von Land zu Land natürlich immer noch variieren, aber die Hürden fallen auch hier immer schneller. Ich gehe davon aus, dass alle Vorteile, die der traditionelle Verlag gegenüber dem Selbstverlag momentan noch bietet, in den nächsten drei bis fünf Jahren verschwinden werden.

Naturgemäß schreiben Autoren natürlich lieber, als sich mit der ganzen Vielschichtigkeit des Verlagswesens und des Marketings auseinanderzusetzen. Wenn Sie Glück haben, dann bekommen Sie auch ab und an einen Scheck. Und während Ihnen wahrscheinlich überhaupt nicht bewusst ist, wie viel Geld Ihnen wirklich entgeht, hat es noch einen weiteren Nachteil, wenn man seine Rechte überträgt: Sie verlieren die Kontrolle und den Überblick über Ihre Verkäufe. Wir werden darauf später im Buch detailliert eingehen.

Wenn Sie bisher auf dem traditionellen Weg veröffentlicht haben, dann werden Sie die Nutzungsrechte bereits für einige Ihrer Bücher eingeräumt haben. Die meisten Autoren machen das bei Unterschrift des Verlagsvertrags. Erinnern Sie sich noch an den Multiplikationsfaktor, den ich vorher in dem Beispiel mit den drei Büchern und den neun Sprachen erwähnt hatte? Sie vergeben mit der Einräumung der Rechte viele Einkommenschancen. Während es das eigene Ego so richtig streichelt, wenn man bei einem Verlag unterschreibt, ist es noch spannender zu sehen, wie sich das Geld auf dem Bankkonto anhäuft. Doch nur wer seine Möglichkeiten kennt, kann später auch die besseren Chancen ergreifen.

Es ist immer gut, seine bestehenden Verträge einmal dahingehend zu überprüfen, in welchem Umfang man anderen Rechte eingeräumt hat. Dann weiß man auch, welche Buchübersetzungen man selbst angehen sollte.

Juristendeutsch kann ohnehin verwirrend sein. Hinzu kommen die Unterschiede in den einzelnen Ländern. Insofern ist es immer gut, jeden Vertrag vor Unterschrift zuerst mit einem Rechtsanwalt durchzugehen. Auch wenn Ihr Verlagsvertreter und auch Ihr Literaturagent ganz sicher gute Menschen sind, so haben sie doch ihre ganz eigenen Interessen, was den Vertrag anbelangt. Und obwohl sich Literaturagenten sehr gut im Verlagswesen auskennen, letztendlich sind sie keine Rechtsexperten. Die Kosten für einen Rechstanwalt mögen einem anfangs teuer vorkommen, doch längerfristig gesehen spart man damit Geld.

Keine Haftung: Ich bin keine Rechstanwältin und deshalb soll dies auch in keinster Weise eine Rechtsberatung sein. Aber ich denke, dass es wirtschaftlich generell Sinn macht, Kontrolle über sein geistiges Eigentum zu bewahren. Wie heißt es doch so schön - der Teufel steckt im Detail.

Wenn Sie bereits einen Vertrag unterschrieben haben, dann sollten Sie herausfinden, wem Sie in welchem Rahmen Rechte eingeräumt haben. Das ist wichtig. Wenn Sie Ihre Rechte übertragen haben, dann kann Ihr Vertrag spezifische Klauseln hinsichtlich der Vervielfältigung, des Vertriebs, der Aufführungsrechte usw. beinhalten. Es ist sehr wahrscheinlich, dass Sie Ihrem Verlag dafür Nutzungsrechte eingeräumt haben. Sollte das der Fall sein, dann haben Sie möglicherweise auch auf das Recht, Ihr Buch übersetzen zu lassen, verzichtet.

Heute ist es allgemein üblich, Lizenzen für Rechte zu vergeben. In diesem Fall haben Sie dem Verlag ein Recht eingeräumt. Es kann jedoch wiederum vom Umfang und der Geltungsdauer her beschränkt sein. Die Klauseln selbst können wiederum sehr umfangreich sein. Haben Sie die Rechte nur für englischsprachige E-Books eingeräumt oder etwa sogar weltweite Exklusivrechte? Es ist wichtig, dass Sie wissen, wie umfangreich die Lizenzrechte in Ihrem Vertrag sind. Langfristig gesehen zahlt sich hier eine juristische Beratung vor Vertragsunterzeichnung wirklich aus.

Sie sollten auch überprüfen, ob das Verlagshaus sowohl die Expertise als auch die Absicht hat, die Rechte in Ihrem Namen zu verwerten. Wenn nicht, dann sind Sie sicher besser beraten, wenn Sie die Rechte behalten.

Für zukünftige Verträge ist es wichtig, dass Ihnen klar ist, was Ihnen zusteht und was Sie eventuell aufgeben. Erkundigen Sie sich bei Ihrem Literaturagenten nach den Vor- und Nachteilen, denken Sie aber daran, dass auch Ihr Literaturagent ein persönliches Interesse daran hat, dass Sie beim Verlagshaus unterschreiben, denn so verdient er schließlich seinen Lebensunterhalt. Vielleicht können Sie Ihre Verhandlungsmacht einbringen, vielleicht aber auch nicht. Jedenfalls ist es immer gut, ausreichend informiert zu sein. Und da der Verleger an Ihrem Buch interessiert ist, haben Sie vielleicht mehr Einfluss auf die Vertragsgestaltung als Sie denken.

Es ist eine gute Übung, mit dem Verleger zu verhandeln und ihm nur die Rechte zu übertragen, die er sehr wahrscheinlich auch ausüben wird und keine Exklusivrechte. Wenn Sie keine genauen Informationen darüber erhalten, was letztendlich mit der Übersetzung und den anderen Rechten geschehen wird, dann ist es besser, nur eingeschränkte Recht einzuräumen. Behalten Sie so viele Rechte wie möglich, wie beispielsweise das an der Übersetzung selbst.

Durch die vielen Möglichkeiten, die sich einem heute bieten und die man zukünftig haben wird, kann man seine Rechte selbst oder durch jemanden, den man dafür anstellt, sicher besser zu Geld machen. Die Zeiten ändern sich und Sie werden sicher nicht der erste Autor sein, der Änderungen in seinem Vertrag fordert.

Eine Modifizierung über die es sich lohnt nachzudenken, ist die Beschränkung der Vertragslaufzeit. Sollten Sie mit dem Ergebnis nicht zufrieden sein, dann haben Sie nach Ablauf der Vertragslaufzeit die Möglichkeit, einen Vertrag mit einem anderen Verlagshaus abzuschließen oder die gesamte Übersetzung anhand der einzelnen Schritte in diesem Buch selbst zu managen. Eine kürzere Vertragslaufzeit gibt dem Verleger zudem einen zusätzlichen Anreiz das Buch früh zu vermarkten.

Egal ob Sie Ihre Rechte an den Verleger abtreten oder sie selbst zu Geld machen, treffen Sie Ihre Entscheidung bewusst. Nur weil Sie heute noch nicht berühmt sind, heißt das ja nicht, dass Sie es niemals sein werden. J.K. Rowling hat damals einen Vertrag für die Buchrechte unterzeichnet, war aber so voraussichtig, dass sie die Rechte am E-Book und weitere Verwertungsrechte behielt. Diese eine Entscheidung hat ihr zehn, wenn nicht sogar hundert Millionen Dollar eingebracht.

Carrie Fischer hat damals ihre gesamten derivativen Rechte an Star Wars für ein für Hollywood karges Pauschalhonorar abgetreten und erhielt später nichts für das ganze Merchandising, das um sie herum entstand. Ihr entgingen dadurch mehrere

Millionen Dollar. Sie mag ein extremes Beispiel sein, doch es ist immer schwer vorherzusehen, was sich in der Zukunft zu einem Blockbuster entwickeln wird. Ähnliches könnte Ihnen auch passieren und ist die Tinte auf dem Vertrag erst einmal trocken, dann lässt sie sich nicht mehr so einfach löschen.

Mit all dem im Hintergrund werden Sie wahrscheinlich, während Sie dieses Buch lesen, bereits darüber nachgedacht haben, Ihre Rechte nun selbst mehr in die Hand zu nehmen. Es gibt durchaus Möglichkeiten, Ihr Buch in die Hände von Lesern in anderen Ländern zu bekommen, ohne dabei die Kontrolle über ihr geistiges Eigentum zu verlieren.

Dieses Buch wurde schwerpunktmäßig für Self-Publisher geschrieben und ist deshalb mehr auf den Do-it-youself Markt ausgerichtet. Wir werden dennoch alle Möglichkeiten betrachten, damit Sie eine fundierte Entscheidung treffen können.

Eine Welt voller Möglichkeiten und Einkommenschancen

Ich bin zwar Autorin, betrachte mich selbst aber eher als Unternehmerin, die nach Wegen sucht, um zu expandieren und mehr zu verdienen. Unsere Bücher sind unser geistiges Eigentum, das man in zahlreiche neue Produkte und Einkommensquellen verwandeln kann. Ich war schon immer ein Anhänger der Diversifikation, ein Modell, in das sich der Eintritt in neue Märkte, wie der Markt für Übersetzungen, bestens integrieren lässt.

Ich glaube auch an das gute alte Sprichwort: "Glück ist, was passiert, wenn Vorbereitung auf Gelegenheit trifft". Jetzt ist die perfekte Zeit, um das Glück in die eigene Hand zu nehmen und sich über die großartigen Chancen zu informieren, die für Autoren wie Sie, heute zur Verfügung stehen. Die heutige Technologie gibt uns ein Instrumentarium an die Hand, das uns ermöglicht, den größten Nutzen aus unserem geistigen Eigentum zu ziehen.

E-Books werden auch in anderen Sprachen und auf anderen Märkten immer beliebter. In manchen Ländern ist es ganz offensichtlich. Deutschland hat beispielsweise eine hohe E-Book-Akzeptanz, eifrige Leser und eine relativ hohe Anzahl von Lesern, die über genügend Geld verfügen, um es für Bücher auszugeben. Bei anderen durchaus attraktiven Sprachen und Märkten ist das nicht so offensichtlich.

Ich werde in diesem Buch die Begriffe E-Books und Bücher synonym verwenden, obwohl E-Books für Self-Publisher derzeit den Löwenanteil an verkauften Büchern ausmachen. Für E-Books gibt es weniger Märkte, weniger Vertriebsmöglichkeiten und zudem technologische Barrieren, um sie im Ausland auf den Markt zu bringen. Sie bieten Lesern allerdings eine preisgünstige und risikoarme Möglichkeit, um neue Autoren kennenzulernen.

Immer mehr Menschen lesen täglich E-Books auf ihren E-Readern, iPhones und Tablets. Das trifft besonders auf Länder zu, in denen Drucktitel für die meisten Leute aufgrund von Versorgungs- und Vertriebsengpässen zu teuer sind. Der Markt für E-Books kann sich schnell zur führenden Marktform entwickeln und Autoren große Chancen eröffnen. Ich veröffentliche immer sowohl E-Books als auch gedruckte Ausgaben meiner Übersetzungen und würde Ihnen das Gleiche empfehlen. Ständig bieten sich neue Möglichkeiten für Veröffentlichungen, die Vertriebsbarrieren fallen und durch das Internet sind Bücher nur noch einen Klick vom Leser entfernt.

Es ist wichtig, dass man jede Sprache und jeden Markt analysiert, um zu verstehen, wo sich Gewinne erzielen lassen. Jedoch geht es nicht nur darum zu untersuchen, wie viele Menschen eine spezielle Sprache sprechen oder darum, die reinen Marktdaten zu analysieren. Vielmehr geht es darum, die Vorlieben der Konsumenten zu betrachten. Wie beliebt das Lesen in der Freizeit ist, unterscheidet sich stark von Land zu Land, innerhalb der Sprachen und ist auch von den demographischen Strukturen abhängig. Es gibt großartige Chancen, doch wenn man seine

Auswahl nicht fundiert trifft, dann gibt es auch genügend Fallgruben.

Die gute Nachricht ist, dass es sehr einfach ist, Wachstumsmärkte ausfindig zu machen, wenn man erst einmal weiß, wo und wie man danach sucht. In diesem Buch finden Sie alles, was Sie dazu brauchen. Nie waren die Zeiten für Autoren besser und nie waren die Zeiten besser, um Ihr Buch in andere Sprachen übersetzen zu lassen.

3

DER MARKT FÜR ÜBERSETZUNGEN - EIN GLOBALER ÜBERBLICK

Ob sich Übersetzungen in eine andere Sprache lohnen, das hängt sehr von der jeweiligen Sprache, dem Land und dem Genre ab. Zudem spielt die Marktreife eine wesentliche Rolle. So werden beispielsweise E-Books in den USA und in Großbritannien weit besser angenommen als in Ländern mit Sprachen, in denen sich die Märkte für digitale Bücher gerade erst entwickeln.

Zudem gibt es starke Abweichungen bei der Lesefreudigkeit. In den arabischen Ländern ist das Lesen beispielsweise nicht so populär, insbesondere in Gegenden mit einer geringen Alphabetisierungsquote. Leser aus Indien ziehen durchweg Fach- und Sachbücher den Romanen vor. Viele Länder haben einen mehr konservativen andere einen mehr liberalen Lesegeschmack, der entscheidend für den Erfolg oder Misserfolg eines Genres ist.

Daraus folgt, dass Sie die Märkte hinsichtlich der Sprachen und der Länder analysieren und an den Zielen, die Sie sich für Ihre Übersetzung setzen, entsprechend ausrichten sollten. Sehen wir uns einmal den deutschen Markt an, den zweitgrößten Markt nach den USA.

Welche Bücher verkaufen sich am besten in Deutschland? Ein Blick in die Top-100 bei Amazon.de zeigt, dass dort Liebesromane ganz vorne stehen, gefolgt von Thrillern. Das ist lediglich eine Momentaufnahme und die Dinge ändern sich für gewöhnlich stetig, aber so bekommen Sie zumindest eine gute Vorstellung davon, ob Ihre Bücher in ein von deutschen Lesern bevorzugtes Genre fallen würden.

Wenn Sie über spezifischere Themen schreiben, wie Beispiel den amerikanischen Bürgerkrieg, dann sind Ihre Chancen auf dem US-Markt natürlich wesentlich höher, da dieses Thema dort logischerweise populärer ist als außerhalb den USA.

Sobald Sie sich für einen ausländischen Markt entschieden haben, der zu Ihrem Genre passt, geht es darum, das Erfolgspotential Ihres Buches mit dem vergleichbarer Bücher abzugleichen. Wenn sich Ihr Buch in der Ausgangssprache nicht gut verkauft hat, dann sollte man lang und ausgiebig überlegen, ob sich in einer anderen Sprache überhaupt ein besseres Ergebnis erzielen lässt. Auf einem kleineren Markt wird das Ganze sehr wahrscheinlich noch schlechter aussehen.

Andererseits könnte es sich aber auch besser als Ihr Original verkaufen lassen. Wenn Sie beispielsweise Kriminalromane schreiben und dafür einen bisher unterversorgten Markt in Dänemark finden, dann könnten Ihre übersetzten Bücher einen Wettbewerbsvorteil in diesem Nischenmarkt haben.

Deshalb ist es wichtig, fundierte Entscheidungen zu treffen, damit Sie Ihre Zeit und Ihr Geld und auch das Ihres Übersetzers am sinnvollsten einsetzen. Da der Übersetzer die meiste Arbeit investiert, erwartet er zurecht, dass das Zeitinvestment auch die Mühe wert ist, insbesondere dann, wenn er auf Royalty-Sharing-Basis arbeitet. Und als Autor werden Sie selbst einige Zeit damit verbringen, nach einem guten Übersetzer zu suchen, das Buch zu formatieren, zu veröffentlichen, sich um ein neues Cover für das Buch zu kümmern und das übersetzte Buch zu vermarkten. Sie wollen die Erfolgschancen Ihres Buches maximieren und deshalb müssen Sie zuerst nach potentiellen Märkte suchen, auf denen sich Ihr Buch gut verkaufen lassen wird.

Analyse potentieller Märkte

Ich gehe dabei so vor, dass ich mit den größten Märkten beginne und mir dort die meistverkauften Genres ansehe. Wenn sich mein Genre darunter befindet, dann gehe ich weiter ins Detail und betrachte unter anderem die Sub-Genres der größten Verkaufsplattformen des jeweiligen Landes. Bedenken Sie, dass Amazon in Ländern außerhalb der USA und Großbritanniens nicht zu den beliebtesten Online-Händlern gehört und die Genres der Bestseller sich je nach Verkaufsplattform sehr unterscheiden können.

Ich unterscheide die Märkte nach Ländern, nicht nach den Sprachen. So haben die USA und Großbritannien zwar die gleiche Sprache, aber die Geschmäcker hinsichtlich der Genres unterscheiden sich doch in gewisser Hinsicht. Spanien und Mexiko könnten bei den Genres den gleichen Geschmack teilen (oder auch nicht), aber es gibt dort sehr differenzierte regionale Unterschiede, was die Übersetzung an sich und das Preisgefüge angeht. Das gleiche Buch in ein und derselben Sprache, kann im einen Land profitabler sein, als im anderen.

Eine derartige Detailanalyse ist nicht so zeitaufwendig, wie man zunächst annimmt. Das bisschen Zeit, das Sie in jeden Markt investieren, wird sich später für Sie auszahlen, da Sie danach wissen, welche Zielsprache und welchen Zielmarkt Sie priorisieren werden.

Im Moment gehören die USA, China, Deutschland, Japan, Großbritannien und Frankreich zu den größten Buchmärkten. Hinzu kommen andere Länder, wie beispielsweise Italien, in denen der E-Book-Markt zunehmend an Fahrt gewinnt. Kleinere

Märkte können aufgrund höherer Preise und des geringeren Wettbewerbs ebenso sehr attraktiv sein. So sind die dänischen Leser beispielsweise an höhere E-Book-Preise gewöhnt als die Leser in den USA, da der dänische Markt kleiner ist und weniger Auswahl bietet.

Einige Märkte, wie beispielsweise der chinesische Markt, sind zwar sehr groß, aber die Preise liegen dort für gewöhnlich gut 20 Prozent unter denen in den USA. Zudem sind dort die Markteintrittsbarrieren für Self-Publisher sehr hoch. Mit dem richtigen Buch kann man in China jedoch das, was man am Preis verliert, durch die Masse wieder gutmachen.

Auch sollten Sie Märkte wählen, die über gute Vertriebsmöglichkeiten verfügen und die für den Verkauf Ihres Buches gerüstet sind. Es macht keinen Sinn ein Buch für einen großen Markt übersetzen zu lassen, wenn man dort keine Möglichkeit hat, seine Leser zu erreichen. Obwohl ich meine Bücher gerne in jede erdenkliche Sprache übersetzen lassen würde, ist das oftmals weder praktisch, noch finanziell lohnend.

Jeder Markt bietet ganz individuelle Chancen, aber auch Stolpersteine. Auf ausgereiften Märkten mit hoher E-Book-Akzeptanz sind die Preise meist niedriger, der Wettbewerb höher und das Wachstumspotential meist geringer. Ein früher Markteintritt in weniger entwickelte Märkte bedeutet weniger Wettbewerb und eine geringere Preissensibilität, dafür kann das Wachstum langsam sein oder den Erwartungen nicht entsprechen. Und es besteht immer die Gefahr, dass es auf einem kleinen Markt überhaupt kein Wachstum gibt.

Auf der anderen Seite wird man bei geringerem Wettbewerb eher gesehen und man kann sich leichter eine Leserschaft aufbauen. Auf kleineren Märkten lassen sich oftmals höhere Preise durchsetzen, etwas das von Autoren bei der Bewertung ihrer Nutzungsrechte oft übersehen wird. Auf der anderen Seite ist die Anzahl der Leser auf den großen Märkten oftmals aus kulturellen Gründen, aufgrund von Kostenfaktoren oder alternativen Unterhaltungsangeboten geringer. Ich will an dieser Stelle nicht ins Detail gehen, da sich die Sachlage ständig ändert. Stattdessen möchte ich Ihnen mein Vorgehen bei der Auswahl der Märkte und der Priorisierung der Sprachen gerne vorstellen.

Auswahl des Zielmarktes

Die meisten Autoren sehen sich lediglich die großen Märkte an und wählen diese für ihre Übersetzungen aus, ohne auch kleinere Nischenmärkte in Betracht zu ziehen, auf denen sich möglicherweise größere Gewinne erzielen lassen. So ist beispielsweise Deutschland für die meisten englischsprachigen Autoren der lukrativste Markt für ihre Bücher.

Ich gehe bei meiner Analyse etwas anders vor, lege mehr Wert auf die Märkte, auf denen sich höhere Preise erzielen lassen und ein geringerer Wettbewerb herrscht, da ich dort mehr Erfolg haben werde und sich dort langfristig höhere Gewinne erzielen lassen. Das kann in Ihrem Fall wieder anders aussehen, doch der springende Punkt ist, dass man mehrere Variablen in Betracht zieht und nicht nur die Marktgröße selbst und sich umgehend informiert, damit man eine logisch begründete Auswahl in der zur Verfügung stehenden Zeit und auf Basis der zugrunde liegenden Informationen treffen kann.

Der US-Markt gehört trotz niedriger Verkaufspreise, stagnierenden Wachstumsraten und starkem Wettbewerb zu den besten Märkten und ist von den Gewinnaussichten her gesehen, vielleicht nach wie vor die beste Wahl. Doch wird es dabei bleiben?

Viele Bestseller-Autoren sind der Meinung, dass ihre Bücher nur für eine kurze Zeit ganz oben auf den Bestsellerlisten stehen werden und sie deshalb den Buchpreis senken müssen, um das gleiche Verkaufsvolumen wie im Jahr zuvor erreichen zu können. Der englischsprachige Markt entwickelt sich immer weiter und wird, seit der Eigenverlag immer einfacher wird, regelrecht mit Büchern überflutet. Es gibt jedoch noch jede Menge anderer lukrativer Märkte, die es wert sind, erkundet zu werden.

Wie sieht es auf großen, bisher unerschlossenen Märkten wie beispielsweise dem chinesischen Markt aus? Es gibt noch viele unterversorgte Märkte, die in den kommenden Jahren sehr profitabel werden könnten. Die erfolgreichsten Autoren werden jene sein, die den Markteintritt früh schaffen. Doch fehlendes Wissen birgt Risiken. Deshalb habe ich für mich Kriterien entwickelt, die mir helfen, die Risiken und Chancen der einzelnen globalen Märkte zu bewerten.

Ich betrachte die Märkte zuerst hinsichtlich der einzelnen Sprachen und dann nach der Wichtigkeit der Länder. Wenn ich die Märkte aussortiert habe, auf denen mein Genre am beliebtesten ist, dann ziehe ich weitere Faktoren in Betracht.

KRITERIEN für die Marktanalyse

Ein für mich idealer Markt zeichnet sich durch folgende Kriterien aus:

HP oder hohe Preise: Bücher brauchen hohe Verkaufspreise.

HW oder hohes Wachstum: Das Lesen ist dort weit verbreitet und seit Jahren stabil oder wird an Beliebtheit gewinnen.

NW oder niedriger Wettbewerb: Eine geringe Auflage reicht aus, um die Nachfrage zu decken.

HM oder hohes Marktpotential: Es handelt sich um einen Markt mit hohem Leserpotential.

Genre: Ich stelle sicher, dass mein Genre oder Sub-Genre zu den Beliebtesten in dieser Sprache und auf diesem Markt gehört und dort über die größten Vertriebsplattformen verkauft wird.

Ein Buch hat dann gute Chancen, wenn drei oder mehr dieser Kriterien zutreffen. Es ist sehr schwierig, Märkte zu finden, auf die alle Kriterien zutreffen. Sollten Sie ihn finden, dann ist es dieser Markt ganz sicher wert, dass man ihn genauer untersucht. Große Märkte, auf die die genannten Kriterien nicht zutreffen, können dennoch ihren Wert haben. Sie werden jedoch sehr wahrscheinlich mit niedrigen Preisen konkurrieren müssen und wahrscheinlich höhere Kosten für Werbemaßnahmen haben, um auf diesen sehr wettbewerbsstarken Märkten gesehen zu werden.

Hier ein paar Beispiele:

Chinesisch

HW, NW, HM

Beliebte Genres: Liebesromane, Mystery.

Bekannte Online-Vertriebsplattformen: Baidu, Douban, Amazon.cn, Overdrive.

China ist ein riesiger Markt mit einer sehr hohen Wachstumsrate. Das Marktpotential ist wesentlich größer als das englischsprachiger Märkte, aber es gibt dort Marktbeschränkungen und Zensur für gewisse Bücher. Besonders Bücher, in denen politische Themen behandelt werden, können vom chinesischen Staat als kritisch eingestuft werden. Auch beim Thema Liebe ist der chinesische Markt weitaus konservativer als der US-Markt. Viele Liebesromane werden von den chinesischen Zensoren als zu gewagt eingestuft. Bücher mit kritischem, politischem oder geschichtlichem Inhalt werden ebenso wenig akzeptiert.

Die Preise liegen weit unter denen in den USA. Gewöhnlich erzielen sie nur ein Fünftel des US-Preises, was jedoch durch die weitaus größeren Volumina wieder wettgemacht wird.

Sowohl China (vereinfachtes Chinesisch) als auch Hong-Kong (Langzeichen) brauchen Übersetzungen ins Chinesische. Sie sollten also beide angehen. Es ist schwer, ja beinahe unmöglich, übersetzte Bücher in China selbst zu veröffentlichen, denn die ISBNs werden von der chinesischen Regierung vergeben und dies wiederum nur zum Wohl chinesischer Verlagshäuser.

Wenn man außerhalb der Grenzen Chinas lebt und die Leser im eigentlichen China erreichen möchte, dann muss man nach einer Lösung suchen, mit der man Übersetzung und Vertrieb verbinden kann. Ich gehe davon aus, dass es in Zukunft mehr Möglichkeiten geben wird und werde deshalb später im Kapitel Vertriebsplattformen nochmals darauf zurückkommen. Kobo hat erst kürzlich sein Vertriebsgebiet um Taiwan erweitert. Damit eröffnen sich nun auch Vertriebsmöglichkeiten auf diesem kleineren Markt.

Niederländisch

HP, HW, NW

Beliebte Genres: Liebesromane, Thriller.

Bekannte Online-Vertriebsplattformen: Bol.com, Kobobooks.com.

Amazon gibt es auch in den Niederlanden, aber es ist dort weit weniger beliebt als Bol.com. Der Markt ist klein, aber der Anteil der lesenden Bevölkerung ist recht hoch und da die niederländisch sprechende Bevölkerung nur rund 25 Millionen Menschen umfasst, werden auch nicht so viele Bücher ins Niederländische übersetzt wie in andere Sprachen. Allerdings sind die Leser dort bereit, höhere Preise zu zahlen.

Kobo ist vor kurzem mit Kobo Plus - einem E-Book Aboservice - auf den Markt gegangen, bei dem man für 10 Euro monatlich Bücher aus den Niederlanden und Belgien herunterladen kann. In Belgien spricht man zwei Sprachen: Flämisch und Französisch. Kobo Plus ist ein Pilotprojekt des weltweiten Aboservices von Kobo und ich gehe davon aus, dass dadurch die Nachfrage nach E-Books noch weiter ansteigen wird.

Flämisch scheint ein wenig formaler zu sein als Niederländisch. Da die niederländisch sprechende Bevölkerung größer ist, würde ich mich für einen Übersetzer entscheiden, der ins Niederländische übersetzt.

· · ·

Französisch

HP, NW

Beliebte Genres: Liebesromane, Thriller.

Bekannte Online-Vertriebsplattformen: fnac.fr, amazon.fr, kobobooks.com.

Die Franzosen lieben ihre Buchläden und nach einem etwas langsamen Start haben dort auch E-Books an Fahrt gewonnen. Es ist ein ziemlich großer, jedoch langsam wachsender Markt, auf dem E-Books vor allem bei Pendlern immer beliebter werden. In diesem Markt kann man immer noch früh genug einsteigen, um sich einen Namen zu machen. Ich denke, dass der Markt langfristig gesehen ein ziemlich hohes Potential hat.

Rund 40 Prozent der französisch sprechenden Bevölkerung lebt in Europa. Kanada folgt mit großem Abstand. In vielen Teilen der Welt ist Französisch zudem die zweite Sprache, beispielsweise in den ehemaligen französischen Kolonien, insbesondere in Afrika.

Ich ziehe Übersetzer aus Frankreich vor, weil ich der Meinung bin, dass deren Übersetzungen allgemein besser akzeptiert werden. Bestseller werden oftmals sowohl ins europäische Französisch als auch ins kanadische Französisch übersetzt, beides größere Märkte, deren Vokabular sich jedoch ziemlich unterscheidet. Das Französisch Kanadas wird ungern von den Franzosen in Europa gelesen und umgekehrt. Da die Mehrheit der französischen Bevölkerung jedoch in Frankreich lebt, scheint das Französisch Europas akzeptierter zu sein. Es gibt offensichtlich noch weitere Variationen des Französischen auf der Welt, doch dies sind die zwei Wichtigsten.

Deutsch

HW, HM
Beliebte Genres: Liebesromane, Science-Fiction, Fantasy, Crime Fiction.
Bekannte Online-Vertriebsplattformen: Amazon.de, Tolino alliance (Thalia, Weltbild, Hugendubel, Buch.de, club.de, ebook.de, etc.).

Die Mehrheit der Deutsch Sprechenden lebt in Deutschland, obwohl auch in Österreich, der Schweiz und an anderen Orten Deutsch gesprochen wird. Obwohl es im Vergleich zu anderen Sprachen weniger Variationen in der deutschen Sprache gibt, habe ich mich für Übersetzer aus Deutschland entschieden. Hinweis: Wenn es sich um einen deutschen Vertrag handelt, dann gehören die Nutzungs- und Verwertungsrechte an der deutschen Übersetzung dem Übersetzer, nicht dem Autor. Das kann entscheidende Auswirkungen haben, da am Urheberrecht auch das Recht am Hörbuch und andere Nutzungsrechte des übersetzten Buches hängen.

Das kann umgangen werden, indem man in den Vertrag eine "Work-for-Hire"-Klausel einbaut, bei der der Übersetzer seine Rechte an den Autor abtritt. Hier sollte man sich, wie bei allen Vertragsangelegenheiten, vorher rechtlich beraten lassen. Durch das deutsche Recht können sogar, je nach Rechtsstand, einige Vertragsklauseln ausgehebelt werden. Aufgrund der unterschiedlichen Rechtssituation und da sich das Recht jederzeit ändern kann, vermeide ich derartige Risiken, indem ich auf Internetplattformen wie Babelcube ausweiche. Die Verträge zwischen Übersetzer und Autor werden auf einer "Work-for-Hire"-Basis abgeschlossen und beinhalten Mechanismen im Falle von Rechtsstreitigkeiten. Doch mehr zu Babelcube später.

ITALIENISCH
HW, HP, NW

Beliebte Genres: Liebesromane und noch mehr Liebesromane!

Bekannte Online-Vertriebsplattformen: Amazon.it, Mondadori.it.

Der italienische Markt ist ein kleiner, sich im Wachstum befindender Markt, mit einer hohen Akzeptanz für E-Books und einigermaßen hohem Preisniveau. Obwohl der Markt an sich relativ klein ist, ist das Lesen in Italien sehr populär. Es gibt dort viele Buchläden, Distributionskanäle und Blogger.

Ebenso gibt es viele talentierte Übersetzer, was die Suche nach einem hochqualifizierten Übersetzer erleichtert und das recht kostengünstig. Der italienische Markt gehört derzeit zu meinen Favoriten, da dort momentan noch wenig Konkurrenz herrscht.

Wenn ich mich zum ersten Mal nach einem Markt umsehen würde, dann würde ich mich für Italien entscheiden.

PORTUGIESISCH

HM

Beliebte Genres: Liebesromane, Non-Fiction.

Bekannte Online-Vertriebsplattformen: Livararia Cultura, Amazon.com.br, Apple iBooks, Google Play.

Die Mehrheit der portugiesisch sprechenden Bevölkerung lebt in Brasilien. Portugal folgt danach mit einem weitaus kleineren Anteil. In Brasilien ist der Markt für E-Books ein Wachstumsmarkt, allerdings mit einem hohen Prozentsatz an freien Downloads und niedrigen Preisen. Jedoch sollte man einen Markt dieser Größe und mit dieser Vielzahl an guten Übersetzern, nicht vernachlässigen. Ich gehe davon aus, dass er sich parallel zum US-Markt entwickeln wird, d.h. niedrige Preise und hohe Konkurrenz.

Brasilien hat einen gut entwickelten Verlagssektor. Da sich die konjunkturelle Entwicklung in Brasilien derzeit in einem

Abwärtstrend befindet, gibt es viele gute portugiesische Übersetzer, die freiberuflich arbeiten. Aufgrund der Größe des Marktes ziehe ich in Brasilien portugiesische Muttersprachler vor.

Spanisch
HM
Beliebte Genres: Liebesromane, historische Romane.
Bekannte Online-Vertriebsplattformen: Librerias Ghandi (Mexico) BajaLibros (South America), Amazon.es, Amazon.mx, Amazon.com.
Obwohl Spanisch, nach Chinesisch, die am zweithäufigsten gesprochene Sprache der Welt ist, spiegelt sich das nicht in der Anzahl der Leser wider. Lesen gehört, aus welchem Grund auch immer, nicht zu den bevorzugten Freizeitaktivitäten in vielen spanisch sprechenden Ländern. Hinzu kommt, dass Raubkopien in südamerikanischen Ländern gang und gäbe sind, was den Umsatz drückt. Auch sind die Einkommen in den spanisch sprechenden Ländern, ausgenommen von Spanien selbst, im Durchschnitt niedriger als in Europa oder Nordamerika.

Leser aus Spanien akzeptieren das Spanisch nicht europäischer Länder, wie das Mexikos oder Lateinamerikas, weniger. Während die Sprachvarietäten in den einzelnen Ländern weniger voneinander abweichen, gibt es jedoch hinsichtlich der Grammatik, der Wortwahl und der Idiomatik deutliche Unterschiede. Leser aus Spanien werden die Übersetzung eines Übersetzers aus Argentinien bestens verstehen, aber sie werden sie eventuell als schlecht übersetzt einstufen, den unterschiedlichen Dialekt erkennen und das in einer Rezension auch zum Ausdruck bringen.

Eine weitere Ausnahme, wenn es darum geht, dass der am besten akzeptierte Dialekt nicht der sein muss, den die meiste Bevölkerung spricht. Die Bevölkerung Spaniens umfasst ungefähr 46 Millionen Menschen und liegt damit weit unter der Mexikos (rund 122 Millionen Menschen). Selbst in Süd- und Lateinamerika variieren die einzelnen Dialekte. Während Spanien heutzutage nahezu keinen Einfluss mehr auf seine früheren Kolonien hat, scheint das Spanisch Europas - zumindest in der Literatur - trotzdem das meist akzeptierte Spanisch zu sein. Ein weiterer interessanter Aspekt: Spanien ist derzeit nicht einmal der größte Markt für E-Books in spanischer Sprache. Es ist die USA mit Amazon.com.

Englisch

HM

Beliebte Genres: Liebesromane, Mystery/Thriller, Science Fiction.

Bekannte Online-Vertriebsplattformen: Amazon.com, Amazon.co.uk, Kobobooks.com, Apple, Google Play.

Überblick:

Ich schreibe meine Bücher in englischer Sprache, brauche sie also für den englischsprachigen Markt nicht übersetzen zu lassen. Ich halte mich an die amerikanische Rechtschreibung und Grammatik. Mein Rat an Autoren aus nicht englischsprachigen Ländern, die ihre Bücher ins Englische übersetzen lassen möchten, lautet deshalb: Legen Sie Ihren Fokus auf das Land mit der größten Bevölkerung, in diesem Fall auf die USA. Amerikanisches Englisch wird von allen englischen Muttersprachlern verstanden, selbst wenn es gewisse Unterschiede gibt. Die amerikanischen Leser sind sehr kritisch und am kompromisslosesten und sie werden möglicherweise ein Buch, das in britischem Englisch oder anderem Englisch verfasst wurde, schlechter bewerten. Manchmal werden die grammatikalischen Unterschiede oder die unterschiedlichen Schreibweisen irrtümlicherweise als Fehler angesehen. Nichts ist für den Verkauf von Büchern ungünstiger, als schlechte Buchkritiken. Also, wenn Sie die Wahl haben, dann würde ich Ihnen empfehlen, sich für das amerikanische Englisch zu entscheiden. Sowohl die USA als auch Großbritannien haben hohe Buchbestände. Aufgrund der starken Konkurrenz und dem großen Angebot sind die Verkaufspreise entsprechend niedrig. Doch wer es auf die Bestsellerliste schafft, hat gute Chancen.

Meistens gibt es für Bücher, die ins Englische übersetzt werden eine Version für die USA und eine für Großbritannien, da der Markt in Großbritannien nicht unerheblich ist. Kanada, Australien und Neuseeland gehören zu den kleineren Märkten und orientieren sich meist an der britischen Schreibweise.

Sicher ist Ihnen nicht entgangen, dass Liebesromane anscheinend in allen Ländern und in jeder Sprache das beliebteste Genre sind. Kurz dahinter folgen Mystery-Romane und Krimis. Vergewissern Sie sich, dass auch Ihr Sub-Genre gleichermaßen beliebt ist. Insbesondere im Bereich der Liebesromane, da gewisse Kategorien nicht überall akzeptiert sind.

Weitere Sprachen

Es gibt noch ein paar Sprachen, die ich zwar beobachte, die ich bisher aber noch nicht in Betracht gezogen habe. Die Märkte sehen zwar vielversprechend aus, aber es ist noch zu früh, um sagen zu können, ob sie es wert sind oder nicht. Obwohl sie in ein oder mehreren Bereichen Potiential haben, bergen sie ebenso Risiken. Doch die Rahmenbedingungen können sich schnell ändern und deshalb möchte ich gerüstet sein, wenn es dann so eintreffen sollte.

Hindi

HM

Auf den ersten Blick scheint Indien ein großer Markt zu sein, doch es gibt ein paar wichtige Punkte, die man beachten sollte.

Obwohl Englisch dort weit verbreitet und zumindest in höheren Bildungskreisen die zweite Sprache ist, beherrschen es viele nicht so gut, dass sie ein Buch lesen könnten. Englisch ist neben Hindi oder einer der anderen dort gesprochenen Sprachen, normalerweise die zweite Sprache.

Doch selbst wenn Englisch verstanden wird, heißt das noch nicht, dass die- oder derjenige auch in dieser Sprache lesen möchte. Es ist nur natürlich, dass Menschen lieber in ihrer Muttersprache lesen, als in einer anderen Sprache. In Indien selbst werden 22 Sprachen und tausende von Dialekten gesprochen. Somit ist das, was einem zuerst als großer Markt erscheint, in Wirklichkeit ein sehr fragmentierter Markt.

Hinzu kommt, dass ein Großteil der Bevölkerung Analphabeten sind. Zudem sind Raubkopien weit verbreitet. Für viele sind Bücher unerschwinglich oder sie haben nicht einmal die Möglichkeit an sie heranzukommen. Wenn man die extrem niedrigen Preise und unzähligen Dialekte miteinbeziehen, wird der Gewinn nicht groß ausfallen. Zumindest nicht in Hindi.

In englischer Sprache sieht das anders aus. Viele Eltern wollen, dass ihre Kinder Englisch lernen, um deren Karrierechancen zu verbessern. Hier liegen wahrscheinlich die größten Wachstumsmöglichkeiten. Fach- und Sachbücher für die Aus- und Fortbildung verkaufen sich dort am besten.

Die indischen Leser sind sehr empfänglich für E-Books, die sie auf ihren Smartphones lesen können. Derzeit ist es wohl besser, sich auf eine Preisstrategie zu fokussieren und den Vertrieb englischsprachiger Bücher in Indien zu forcieren, anstatt die Bücher übersetzen zu lassen.

Ich bin auch der Meinung, dass auf diesem Markt Hörbücher gegenüber E-Books an Beliebtheit gewinnen werden. Ich glaube auch, dass man die meisten Bücher dort in Zukunft in Form von E-Book-Abonnements konsumieren wird. Man wird sehen, wie sich das Ganze entwickeln wird.

Für alle Buchformate gleichermaßen ist hinderlich, dass in

Indien elektronische Zahlungssysteme unüblich sind. Die meisten Inder benutzen keine Kreditkarten. Der bargeldlose Zahlungsverkehr läuft hauptsächlich über das Konto des jeweiligen Mobilfunkanbieters. Es gibt einige vielversprechende Entwicklungen, was die Zahlungssysteme angeht, aber bis diese umgesetzt werden, werden sich Übersetzungen in dieser Sprache nicht rechnen.

INDONESISCH

HM

Bahasa-Indonesisch ist die offizielle Sprache in Indonesien, aber insgesamt werden dort mehr als 300 Sprachen gesprochen. Was zunächst als einheitlicher Markt erscheint, ist in Wirklichkeit eine Vielzahl kleiner Märkte. Das zur Verfügung stehende Einkommen ist gering. Ich beobachte diese Sprache zwar, priorisiere sie jedoch nicht.

JAPANISCH

HM, HP, NW

Gegenwärtig ist der Vertrieb und Verkauf von Büchern in Japan nicht einfach. Die einzige Möglichkeit ist, über Amazon Japan zu gehen. Insofern beobachte ich die Sprache und warte neue Entwicklungen und Chancen ab. Das E-Commerce-Geschäft läuft hauptsächlich über Rakuten, die Muttergesellschaft von Kobo und auch Amazon.com ist dort präsent. Die Schwierigkeit liegt mehr darin, einen guten Übersetzer für das Japanische zu finden. Bisher habe ich noch nicht viele Übersetzer getroffen, die japanische Muttersprachler sind. Es lohnt sich jedoch den Markt zu erforschen und somit bleibt er auf meiner Beobachtungsliste.

. . .

Russisch

HM

Der russische Markt ist potentiell sehr groß, wird aber von Produktpiraterie und niedrigen Preisen beherrscht. Derzeit sehe ich Übersetzungen ins Russische als wenig profitabel an, aber auch das kann sich schnell ändern.

4

IHRE OPTIONEN BEI DER ÜBERSETZUNG

Bevor Sie nach einem Übersetzer suchen, sollten Sie sich einen Überblick verschaffen, welche Optionen Ihnen von der Übersetzungs- als auch von der Kostenseite her offenstehen.

Übersetzungen können sehr kostspielig werden, besonders wenn Sie mehrere Bücher haben, die Sie in mehrere Sprachen übersetzen lassen wollen. Manche Autoren geben ungern vorab Geld für eine Übersetzung aus, wenn sie sich auf dem jeweiligen Markt nicht auskennen, sie es sich selbst nicht zutrauen oder nicht risikofreudig genug sind, um etwas in eine Sprache übersetzen zu lassen, die sie selbst nicht sprechen.

Andere dagegen ziehen es vor, gleich für ihre Übersetzung zu bezahlen, um die Kontrolle zu behalten und die Gewinne zu maximieren.

Übertragung von Rechten

Autoren, die auf Risikominimierung aus sind übertragen oftmals ihre Nutzungsrechte, selbst wenn ihre Bücher bisher noch nicht übersetzt wurden und bislang lediglich im Eigenverlag erschienen sind. Wer diese Lösung vorzieht, sollte in der Regel über einen Literaturagenten gehen. Manchmal kontaktieren ausländische Verlagshäuser die Autoren auch direkt, wenn sie an der Übersetzung des Buches interessiert sind. Wie Sie wahrscheinlich schon richtig vermutet haben, wird das zu erwartende Einkommen bei dieser Möglichkeit im Erfolgsfall niedriger ausfallen. Positiv ist jedoch, dass der Autor im Vorfeld kein Geld investieren muss und eventuell sogar einen Vorschuss bekommt.

Eine neuere Alternative dazu bietet Amazon Crossing. Dort kann man seine Buchmanuskripte einreichen. Wählt man Ihr Buch für eine bestimmte Sprache aus, dann entstehen Ihnen keine Kosten im Voraus und Sie erhalten genauso Ihre Buchantiemen, als hätten Sie einen Vertrag mit einem Verlagshaus abgeschlossen. Die Übersetzer bei Amazon Crossing geben für die zu übersetzenden Bücher ein Angebot ab und bekommen üblicherweise eine Pauschale und eine kleine Tantieme, wenn ein gewisser Umsatz erzielt wird. Entschließt man sich für diesen Weg, dann ist der größte Vorteil, dass der ganze Vertrieb und die damit verbundene Platzierung des Buches bei Amazon liegt.

Die Übersetzer bei Amazon Crossing sind in der Regel gut und arbeiten normalerweise auch als freie Übersetzer, so dass man sie ebenso direkt kontaktieren kann, wenn man an einer unmittelbaren Zusammenarbeit interessiert ist.

Der Nachteil beider Optionen ist, dass man die Kontrolle über das Werk und einen gewissen Anteil am Gewinn verliert. Der Verlag hat das letzte Wort, wenn es um die Umschlagsgestaltung und die Markenbildung geht und Ihre Rechte werden für eine lange Zeit abgetreten sein, in den USA so lange wie das Copyright und das sind 70 plus Jahre. Die Laufzeit bei Amazon ist im Vergleich dazu mit zehn Jahren doch um einiges kürzer.

Der Vorteil ist, dass Sie nichts weiter tun müssen, als den Vertrag zu unterzeichnen.

. . .

MANAGEN Sie Ihr Übersetzungsprojekt selbst

Es gibt verschiedenste Möglichkeiten, das ganze Projekt auch selbst zu managen, was ich persönlich bevorzuge. Man muss zuvor zwar einiges an Zeit investieren, aber es lohnt sich. Manche Vorgehensweisen können einen gewissen monetären Einsatz erfordern. Die häufigsten Methoden:

- Der Übersetzer erhält eine Pauschale, die sich nach dem Seitenumfang des Buches richtet und die meist pro Wort gezahlt wird;
- Man zahlt eine umsatzabhängige Tantieme;
- Eine Kombination aus beidem.

Ich habe bereits alle drei Varianten ausprobiert. Dabei hängt meine Entscheidung von den Kosten für die Übersetzung und den jeweiligen Marktgegebenheiten ab. Es bleibt eine Ermessensentscheidung, da jede Variante Vor- und Nachteile hat und einige Faktoren auf manchen Märkten mehr zum Tragen kommen als auf anderen.

Sie werden sich natürlich für die Variante entscheiden, die am besten für Sie ist. Sie sollten jedoch unabhängig von der Höhe der Kosten oder der vereinbarten Umsatzbeteiligung versuchen, auch die für den Übersetzer beste Variante in Betracht zu ziehen. Gute Übersetzer sind schwer zu finden, weshalb sich die Interessen aller Parteien sowie eine faire Bezahlung am besten dazu eignen, um eine langfristige, produktive und profitable Beziehung aufzubauen.

Wichtig ist zudem, einen Anreiz für den Übersetzer zu schaffen, damit er eine gute Übersetzung liefert und es sich für ihn lohnt, mit Ihnen auch noch weitere Buchprojekte anzugehen. Mir fällt niemand ein, der geeigneter ist und den man mehr an seiner Seite haben sollte, wenn man sich auf einem neuen Markt versucht. Selbst wenn sie keine Marketing- oder Vertriebsspezialisten sind, können sie beim Navigieren in einem neuen Markt hilfreich sein. Oftmals machen Übersetzer sogar unbewusst Werbung für Ihr Buch, da sie die Übersetzung Ihres Buches für Eigenwerbung nutzen.

So haben mir ein paar meiner Übersetzer dabei geholfen, meine Bücher in lokalen Büchereien zu platzieren. Ich habe es nie vorgeschlagen oder darum gebeten. Sie haben es einfach von sich aus getan. Ich denke, wenn man in geschäftlichen Dingen fair miteinander umgeht, dann wird man oft unerwartet belohnt. Abgesehen davon ist es oft auch einfach nur gutes Karma.

Sicher haben Sie mittlerweile herausgefunden, dass sich die Kosten für eine Übersetzung schnell aufaddieren können, insbesondere dann, wenn man mehrere Bücher hat. Bevor Sie mit wahrnehmbaren Einnahmen rechnen können, sollten Sie Ihre Bücher zuvor in mehrere Sprachen übersetzt und veröffentlicht haben. Und es ist genauso wie mit Ihren Büchern in der Ausgangssprache. Je mehr Bücher Sie haben, desto mehr werden sie gelesen und umso häufiger werden sie entdeckt. Man braucht schon mindestens zwei bis drei Bücher, bis der Verkauf an Fahrt gewinnt. Ist dies erst einmal der Fall, dann werden Sie mehr und mehr gesehen und Ihre Einnahmen werden steigen.

Je mehr Bücher Sie übersetzen lassen, desto mehr Kosten werden Ihnen natürlich auch entstehen. Es gibt ganz offensichtlich verschiedene Möglichkeiten, wie man die Übersetzung seines Buches finanzieren kann. Die nachfolgende Aufzählung konzentriert sich auf die gängigsten Vereinbarungen zwischen Übersetzer und Autor.

PAUSCHALHONORAR

Bei einem Pauschalhonorar tragen Sie die ganzen Kosten der Übersetzung. Die Bezahlung erfolgt klassisch pro Wort und ist abhängig von der Anzahl der Wörter in der Ausgangssprache.

Die Kosten pro Wort richten sich nach der jeweiligen Sprache und können je nach Angebot und Nachfrage variieren. Gibt es viele Übersetzer, aber wenig zu übersetzen, dann ist der Preis pro Wort für gewöhnlich niedriger. Ist die Nachfrage nach Übersetzern hoch, dann führt dies in der Regel zu höheren Preisen. Eine Anzahlung ist üblich, der Restbetrag ist nach Übergabe der endgültigen Übersetzung fällig.

Die Kosten richten sich zum einen nach dem globalen Marktpreis der jeweiligen Sprachkombination und zum anderen nach den Tarifen im Land des Übersetzers. Als ich dieses Buch geschrieben habe, waren beispielsweise deutsche Übersetzungen sehr gefragt. Erfahrene Übersetzer verlangen zwischen 10 Cent bis 15 Cent pro Wort, das entspricht ungefähr 8.000 bis 12.000 Euro für einen Roman mit rund 80.000 Wörtern. Manche verlangen zudem noch einen Anteil an den Tantiemen.

Handelt es sich um eine gängige Sprache für die es viele Übersetzer gibt, die in Konkurrenz stehen, dann ist der Preis pro Wort niedriger. Manche Übersetzer arbeiten für 2 Cent pro Wort, aber das ist die Ausnahme, nicht die Regel. Das bedeutet jedoch nicht, dass die Preise bei weniger populären Sprachen auch niedriger sind. Tatsächlich kann der Preis sogar höher sein, da nicht so viele Übersetzer zur Auswahl stehen.

Obwohl sich die Preise nach den Marktgegebenheiten richten, wird es immer Übersetzer geben, die bereit sind, zu einem geringeren Preis zu arbeiten, um Erfahrung zu sammeln und um sich im Markt zu etablieren. Wenn Sie sorgfältig vorgehen, dann können Sie auf diese Weise durchaus einen sehr guten Übersetzer zu einem angemessenen Preis finden.

Bei einem Vertrag auf Basis eines Pauschalhonorars trägt der Autor das gesamte Risiko. Der Übersetzer wird bezahlt, sobald er das Endprodukt liefert, egal, ob das Buch erfolgreich wird oder nicht. Das Investment des Autors macht sich nur dann bezahlt, wenn man genügend Bücher verkauft, um die anfangs entstanden Kosten zu decken. Das ist leichter gesagt als getan, denn es ist schwierig, ein Buch in einer Sprache zu vermarkten, die man weder spricht noch versteht.

Der wesentliche Vorteil des Pauschalhonorars ist, dass man nichts weiter zu tun braucht, sobald man den Übersetzer bezahlt hat. Man muss nicht mühsam Buch führen, was die Aufteilung der Tantiemen angeht und man braucht als Autor auch kein schlechtes Gewissen haben, dass es sich irgendwie auf die Tantiemen des Übersetzers auswirken wird, wenn man den Buchpreis senkt. Der Übersetzer erhält sein Geld, unabhängig davon, wie sich das Buch verkauft. Viele erstklassige Übersetzer arbeiten ausschließlich auf Basis eines Pauschalhonorars.

Die meisten Top-Übersetzer arbeiten dabei für Preise, die sich am oberen Ende des Spektrums bewegen (z.B. 0,15 Euro pro Wort bei einer Übersetzung ins Deutsche), zuzüglich einer geringen Umsatzbeteiligung von ungefähr zwei bis fünf Prozent. Bei Preisen in dieser Höhe lehne ich persönlich eine zusätzliche Beteiligung am Umsatz ab. Ich möchte diesen ganzen Verwaltungsaufwand nicht und zudem denke ich, dass ein großzügiges Pauschalhonorar mehr als genug ist.

Diese Methode ist der direkteste Weg und bringt den wenigsten administrativen Aufwand mit sich, da man in der Regel keine Beratung hinsichtlich der Preisfestlegung braucht und keine ausführlichen Tantiemenberechnungen erstellen muss.

Es ist die teuerste Variante, wenn es um die Vorlaufkosten geht. Sie kann sich aber als kostengünstigste herausstellen, wenn sich das Buch zu einem Bestseller entwickeln sollte. Man sollte ich allerdings über die Verkaufspreise in der Zielsprache und dem jeweiligen Genre vorab informieren. Auch wie groß die Auflage sein muss, um die entstandenen Kosten zu decken. Ich habe mir zur Regel gemacht, dass ich vorab bezahle, wenn sich die Kosten innerhalb von ein bis zwei Jahren tragen.

Vorteile

- Die Übersetzung geht sofort ins Eigentum über. Man kann sich frei für die Vertriebskanäle entscheiden, ohne sich mit dem Übersetzer abstimmen zu müssen, denn dies kann Einfluss auf Ihr Einkommen haben.
- Man behält weiterhin die derivativen Rechte für andere Formate wie Hörbücher, Taschenbücher oder Filmrechte. Auf diese Weise kann man diese Rechte umgehend nutzen und sie schneller zu Geld machen.
- Preisflexibilität: Man kann sich dafür entscheiden, sein Erstlingsbuch aus Marketinggesichtspunkten kostenlos oder preisgünstig anzubieten, was gegenüber dem Übersetzer unfair wäre, wenn der Vertrag auf Basis einer prozentualen Beteiligung an der Tantieme abgeschlossen wurde.
- Keine mühsame Buchführung wie bei einem Vertrag auf Royalty-Sharing Basis.
- Die Gefahr von Rechtsstreitigkeiten wird minimiert, da der Vertrag erfüllt ist, sobald das Buch vom Übersetzer geliefert wird.
- Verkauft sich das Buch gut, dann kann es die kostengünstigste Variante sein.
- Die Übersetzung wird in der Regel schnell geliefert, da der Übersetzer die sofortige Bezahlung gegenüber der eher langfristig angelegten Zahlung einer anteiligen Tantieme und der damit einhergehenden Unsicherheit bevorzugt.

Nachteile

- Man trägt die gesamten Kosten der Übersetzung, was sehr kostspielig sein kann und sich bei mehreren Büchern aufaddiert.
- Das Investment zahlt sich unter Umständen niemals aus. Die Buchpreise können fallen, Abo-Modelle

können sich ändern und der Wettbewerb am Markt kann härter werden, mit der Folge, dass die Deckung der Kosten erschwert wird.
- Da der Übersetzer, nachdem er das Produkt geliefert hat, keinerlei Verpflichtungen mehr hat, besteht die Gefahr, dass weniger pflichtbewusste Übersetzer ein qualitativ niedrigeres Produkt liefern. Oftmals bemerkt man die Qualitätsmängel erst, wenn man schlechte Kritiken erntet.
- Der Übersetzer hat oft kein Interesse mehr an der Vermarktung des Buches, da er ja bereits voll bezahlt wurde.

VERTRAG nach dem Royalty-Sharing Prinzip
Direkter Vertragsabschluss mit dem Übersetzer

Ein Vertrag nach dem Royalty-Sharing Prinzip ist, von der Kostenseite aus gesehen, mit den geringsten Risiken für den Autor verbunden. Jedoch trägt der Übersetzer, der normalerweise ein bis zwei Monate Vollzeit an einem Roman arbeitet, das höchste Risiko, da er keine Garantie für den Erfolg des Buches und der damit einhergehenden Bezahlung hat. Er weiß nicht, wie viel und wann er langfristig etwas einnehmen wird, da seine Einnahmen prozentual vom Umsatz abhängen. Das ist entgegen der üblichen Arbeitsweise eines Übersetzers. Aus diesem Grund sind auch nicht alle Übersetzer bereit, rein auf dieser Basis zu arbeiten.

Einen Roman zu übersetzen ist ein zeitaufwendiges Investment und deshalb ist es nur fair, wenn der Übersetzer den gleichen Informationsstand hat, wie der Autor. Es ist immer vorteilhaft, ehrlich gegenüber dem Übersetzer zu sein, was die Prognose der Verkaufszahlen angeht, sodass der Übersetzer mit einer realistischen Rendite-Risikoerwartung an die Übersetzung gehen kann. Meistens wird die ganze Verlagswelt und die mit ihr verbundene Einnahmesituation der Autoren zu rosig gesehen. Um Enttäuschungen vorzubeugen empfiehlt es sich, dem Übersetzer genaue Informationen zu liefern, was die aktuellen Verkaufszahlen und die zu erwartenden Einnahmen angeht. Verwenden Sie Ihre derzeitigen Netto-Umsatzerlöse und verkauften Einheiten unter dem Vorbehalt, dass diese auf ausländischen Märkten natürlich variieren können.

Die Netto-Umsatzerlöse sind von besonderem Interesse, da die meisten Übersetzer keine Vorstellung davon haben, wie viel Prozent des Listenpreises letztendlich an den Autor gehen. Versehen Sie das Ganze mit einem Haftungsausschluss, aber bleiben Sie ehrlich und offen. Fügen Sie auch ein breites Spektrum an Ertragsschätzungen an, damit der Übersetzer ein Gefühl für den möglichen Ertrag bekommt und eine fundierte Entscheidung treffen kann.

Wenn man einen guten Übersetzer hat, dann hat man auch ein Interesse daran, ein gutes Verhältnis zu ihm aufzubauen, um im Idealfall alle Bücher einer Serie übersetzt zu bekommen. Daher ist es besser, eine eher konservative Umsatzschätzung abzugeben und diese dann lieber zu übertreffen, als zu enttäuschen. Der Verkaufserfolg auf dem englischsprachigen Markt lässt sich oft nicht auf anderen Märkten wiederholen und auch darauf sollte man aufmerksam machen.

Eine gute Beziehung zum Übersetzer macht also vieles einfacher. Hat man eine ganze Buchreihe, dann ist es einfacher, mit nur einem Übersetzer zusammenzuarbeiten, als jedes Mal den Markt nach einem neuen Übersetzer abzusuchen.

Übersetzer, die bereit sind, rein auf Basis von anteiligen Tantiemen zu arbeiten, haben zudem meist einen zusätzlichen Job, der für ihren Lebensunterhalt sorgt. Für einen Roman, der auf Teilzeitbasis übersetzt wird, benötigt ein Übersetzer sechs oder mehr Monate und selbst dann hat man noch keine Garantie, dass der Übersetzer noch weitere Bücher einer Buchreihe übersetzen wird. Und selbst wenn er es tut, dann kann es Jahre dauern, bis alle Bücher einer Buchreihe übersetzt sind. Meiner Meinung nach sollte man bei einer Buchreihe, wenn möglich, die ganze Zeit mit demselben Übersetzer zusammenzuarbeiten. Jeder Übersetzer hat, wie der Autor selbst, seinen eigenen Schreibstil. Und diesen möchte man gerne über die gesamte Buchreihe hinweg gewährleistet haben.

Doch die meisten Übersetzer ziehen eine andere Vertragsgestaltung vor. Diejenigen, die dem gegenüber dennoch offen sind, möchten entweder Erfahrungen im Bereich der literarischen Übersetzung sammeln oder hoffen, dass sich das Buch als Hit erweisen wird. Wenn dem so ist, dann zahlt der Autor in diesem Fall weit mehr an den Übersetzer, als bei einer Übersetzung auf Basis eines Pauschalhonorars. Viele Übersetzer möchten deshalb das Buch vorher erst einmal lesen. Das spricht für einen guten Übersetzer, der seine Arbeit ernst nimmt.

Wenn Sie den Vertrag direkt mit dem Übersetzer abschließen, dann sollte man hinsichtlich der einzelnen Vertragsklauseln vorsichtig sein. Was die Vertragslaufzeit angeht, so sind fünf Jahre angemessen, da die meisten Bücher den höchsten Umsatz in den ersten Jahren erzielen.

Manche Autoren entscheiden sich dafür, die Buchantiemen auf unbegrenzte Dauer mit ihren Übersetzern zu teilen. Ich persönlich ziehe eine andere Methode vor, da ich nicht noch im Alter von 90 Jahren die Tantiemen für hundert Übersetzungen berechnen möchte. Wenn man das Buch, die Märkte und den Übersetzer sorgfältig auswählt, dann sollte der Übersetzer innerhalb von fünf Jahren sein Einkommen erzielt haben. Sollte sich Ihr Buch zu einem Bestseller entwickeln, dann kann man sich immer noch dazu entscheiden, dem Übersetzer einen Bonus zu bezahlen.

Ein wesentlicher Nachteil von Verträgen, die auf dem Royalty-Sharing Prinzip basieren ist, dass der Übersetzer kein Risiko eingeht, wenn er sich nicht an die Deadline hält oder das Projekt nicht beendet. Viele Autoren beschweren sich darüber, nach bestandener Probeübersetzung nie mehr etwas von ihren Übersetzern gehört zu haben. Man kann natürlich immer wieder nach einem neuen Übersetzer suchen. Das führt jedoch zu Zeitverzögerungen von mehreren Monaten oder sogar Jahren. Wenn man eine ganze Buchreihe hat, kann das die ganze Buchreihe verzögern.

Ich kenne einen Science-Fiction Autor, der einen Vertrag mit einem bekannten und talentierten deutschen Übersetzer abgeschlossen hatte. Er sollte das erste von sieben Büchern einer Science-Fiction Buchreihe innerhalb von 60 Tagen übersetzen. Die Zeitvorgabe kam vom Übersetzer, nicht vom Autor. Das ist nun schon zwei Jahre her und der Autor wartet immer noch auf die Übersetzung.

Im Grunde genommen hat der Übersetzer gegen den Vertrag verstoßen. Der Übersetzer beruft sich darauf, dass bereits 80 Prozent des Buches übersetzt seien und der Vertrag allein auf Basis von Tantiemen abgeschlossen wurde und zwar mit einem Übersetzer, den sich der Autor ansonsten nicht hätte leisten könnte. Der Autor leitete daraufhin Rechtschritte ein. Er wartet immer noch auf ein Buch, dass wahrscheinlich nie erscheinen wird. Ich bin mir nicht sicher, was ich in einer solchen Situation tun würde.

Hier die Zusammenfassung der Vor- und Nachteile einer direkten Zusammenarbeit mit dem Übersetzer.

Vorteile

- Für den Autor fallen keine Kosten im Voraus an.
- Der Übersetzer ist motiviert eine qualitativ hochwertige Übersetzung zu liefern.

- Der Übersetzer ist an Marketing und Werbemaßnahmen interessiert, da er dadurch sehr wahrscheinlich höhere Einnahmen erzielen kann.

Nachteile

- Geringere Preisflexibilität, beispielsweise hinsichtlich kostenloser Exemplare oder Preisnachlässen, da man sich mit dem Übersetzer abzustimmen hat.
- Über die Buchverkäufe in jedem Land, jeder Währung und jeder Vertriebsplattform Buch zu führen, kann sehr zeitaufwendig sein.
- Je nach Land können unterschiedliche Steuervorschriften, wie Steuervorauszahlungen, steuerliche Freibeträge oder unerwartete Steuerverpflichtungen hinzukommen.
- Zudem kann es zu Währungsverlusten kommen, wenn man selbst in einer Währung bezahlt wird, den Autor aber in einer andern Währung bezahlen muss.
- Der Übersetzer hält sich nicht an Deadlines oder liefert überhaupt nicht. Das hat nicht nur einen Einfluss auf das aktuelle Buch, sondern auch auf die nachfolgenden Bücher einer Buchreihe. Für den Übersetzer gibt es keinen monetären Anreiz zu liefern, wenn er mit etwas anderem beschäftigt ist.

Eine andere Möglichkeit mit dem Übersetzer auf Basis von anteiligen Tantiemen zu arbeiten bieten Internetplattformen wie beispielsweise Babelcube, die als Mittler zwischen Autor und Übersetzer fungieren. Wenn man diesen Weg einschlägt, kommen noch ein paar Vor- und Nachteile hinzu.

Nutzung einer Internetplattform

Im nächsten Kapitel werden wir uns die Nutzung von Internetplattformen genauer ansehen, doch zunächst geht es darum, was man beachten sollte, bevor man sich für die eine oder andere Variante entscheidet.

Das Beste an der Nutzung von Internetplattformen ist, dass einem die ganzen administrativen Aufgaben abgenommen werden. Die Betreiber der Plattformen intervenieren im Falle einer Nichterfüllung, erinnern die Übersetzer an die Einhaltung der Fristen und helfen beispielsweise auch bei Auseinandersetzungen hinsichtlich der Qualität der Übersetzung. Vorfälle dieser Art sind selten, sie kommen aber vor. Ich schlage mich persönlich ungern mit solchen Dingen herum und Vertragsbestandteile, die so etwas abdecken sind deshalb für mich persönlich ein großes Plus.

Hinzu kommen rechtliche Vorteile, da Übersetzungsplattformen üblicherweise mit Standardverträgen arbeiten, deren Klauseln das Recht am geistigen Eigentum schützen, um beispielsweise Probleme mit dem deutschen Urheberrecht, wie im zuvor genannten Fall, zu vermeiden.

Und genau so handhabt es Babelcube mit seinen Werkverträgen. Es wäre einfach für mich, die einzelnen Vertragsklauseln in meine individuellen Verträge zu integrieren, doch ich bin kein Rechtsanwalt und deshalb halte ich mich hier lieber zurück. Welche Internetplattform Sie auch immer bevorzugen, lesen Sie den Vertrag genau durch und versichern Sie sich, dass alles eindeutig dargestellt ist, damit es später zu keinen Unstimmigkeiten kommt.

Ich werde die einzelnen Internetplattformen im nächsten Kapitel detailliert besprechen.

Zusammenfassend kann man sagen, dass die Nutzung von Übersetzungsplattformen eine attraktive Alternative für Autoren ist, da vorab keine Kosten für den Autor entstehen. Das einzige wirkliche Risiko ist das einer schlechten Übersetzung, etwas, das man vermeiden kann, wenn man den Übersetzer sorgfältig aussucht und die Probeübersetzung gründlich evaluiert.

Vorteile

- Die Betreiber der Übersetzungsplattformen überwachen Umsätze, Zahlungen und übernehmen die steuerliche Seite.
- Über die Übersetzungsplattform kann bei Abweichungen von vertraglichen Klauseln wie beispielsweise bei Nichterfüllung des Vertrags oder Nichteinhaltung von Deadlines, vermittelnd eingegriffen werden.
- Die Werkverträge schützen Ihr geistiges Eigentum.
- Sobald der Vertrag abgelaufen ist, gehören Ihnen alle Tantiemen und Sie können Ihre Rechte ausschließlich nutzen.
- Sehr kosteneffizient und mit geringem Risiko verbunden.

NACHTEILE

- Ein Teil des Umsatzes geht an die Betreiber der Übersetzungsplattform. Somit bleibt für Sie und den Übersetzer weniger Geld übrig.
- Sie können Nebenrechte, wie beispielsweise die Produktion von Hörbüchern, die auf der Übersetzung basieren, bis zum Ende der Vertragslaufzeit nicht ausüben.
- Zwischen Ihnen und den veröffentlichten Büchern steht ein Mittelsmann, der Ihre Möglichkeiten bei der Preisfindung und der Festlegung der Preisstufen sowie

bei der plattformspezifischen Werbung auf besonderen Vertriebsplattformen einschränkt.

Auf diese spezifischen Plattformen werde ich im nächsten Kapitel genauer eingehen.

KOMBINATION AUS PAUSCHALHONORAR und anteiliger Tantieme
Die Kombination aus Pauschalhonorar plus einer anteiligen Tantieme kann ein sinnvoller Kompromiss sein. Der Übersetzer hat durch das Basishonorar eine gewisse Sicherheit und zudem einen Zusatznutzen, wenn sich das Buch gut verkauft. Der Übersetzer hat einen Anreiz, den Verkauf des Buches durch Werbe- und Marketingmaßnahmen zu unterstützen. Wenn Sie wollen, dass Sie der Übersetzer werblich unterstützt, dann sollten Sie derartige Klauseln in Ihren Vertrag mit aufnehmen, jedoch mit klaren Leistungsanforderungen, wie der Übersetzung des Werbetextes, der Veröffentlichung von Artikeln, etc.

Eine derartige Vertragsgestaltung kann zudem helfen, das Projekt zügig abzuwickeln, da der Vertragspartner das Pauschalhonorar erst nach Lieferung des übersetzten Buchs erhält. Normalerweise liegt das darin vertraglich festgelegte Pauschalhonorar mindestens 50 Prozent unter dem Pauschalhonorar eines Vertrags, in dem auf eine Umsatzbeteiligung verzichtet wird.

Ein solcher Vertrag kann für Sie, den Autor, jedoch mehr Aufwand bedeuten, da er die ganze Aufgabenbandbreite der Umsatzbeteiligung beinhaltet, zum Beispiel, wenn es darum geht, Buch zu führen. Ein weiterer Vorteil ist, dass man dadurch erfahrenere und talentiertere Übersetzer anzieht.

Ein modifiziertes Vertragsmodell wird von den Betreibern einer neuen Übersetzungsplattform angeboten. Dabei kann der Autor das Umsatzbeteiligungsmodell des Übersetzers durch eine Einmalzahlung aufbessern, die nach Fertigstellung der Übersetzung gezahlt wird. Sie werden mehr über diese Plattform im nächsten Kapitel erfahren.

Vorteile

- Man kann erfahrenere Übersetzer zu niedrigeren Vorlaufkosten bekommen.
- Man bezahlt weniger vorab.
- Der Übersetzer wird mehr dazu angehalten, ein qualitativ hochwertiges Produkt innerhalb der vereinbarten Frist zu liefern, da seine Einnahmen sowohl von zeitlichen als auch von qualitativen Aspekten abhängen (das Buch wird sich im Falle einer schlechten Übersetzung nicht verkaufen).

Nachteile

- Geringere Preisflexibilität, beispielsweise hinsichtlich kostenloser Exemplare oder im Falle von Preisnachlässen, da man sich mit dem Übersetzer abzustimmen hat.
- Über den Verkauf der Bücher in jedem Land, jeder Währung und jeder Vertriebsplattform Buch zu führen, kann sehr zeitaufwendig sein.
- Je nach Land können unterschiedliche Steuererfordernisse, wie Steuervorauszahlungen, steuerlicher Freibeträge oder unvorhersehbare Steuerverpflichtungen hinzukommen.
- Zudem kann es zu Währungsverlusten kommen, wenn man selbst in einer Währung bezahlt wird, die sich von der Währung unterscheidet, in der man den Übersetzer bezahlt.
- Wenn es der Vertrag nicht ausschließlich vorsieht, kann man die Nebenrechte, wie die Veröffentlichung

Erfolgreich im Ausland: Übersetzungen für Self-Publisher

von Hörbücher, die auf der Übersetzung basieren, während der Vertragslaufzeit nicht ausüben.
- Unter Umständen lassen sich die ursprünglich entstandenen Kosten nie decken. Buchpreise können fallen, Abo-Modelle können sich ändern und die Konkurrenz am Markt kann steigen. Faktoren, die eine Kostendeckung unmöglich machen können.

Übertragung von Nutzungsrechten

Eine letzte Möglichkeit bietet die Übertragung von Nutzungsrechten gegen Entgelt. Sie können das unabhängig davon tun, ob Sie das Buch im Eigenverlag oder über ein Verlagshaus veröffentlichen. Einige Autoren bevorzugen diese Möglichkeit angesichts der geringen zu erwartenden Einnahmen aus dem Ausland und des dazu in keiner Relation stehenden hohen Zeitaufwands.

Auch das kann man tun, nur manchmal wird daraus eine selbsterfüllende Prophezeiung. Bei dieser Option müssen Sie einen Literaturagenten bezahlen, der wiederum nach einem Verlagshaus im Ausland sucht, das damit aber ebenso Gewinne erzielen will. Es ist schwer in Nachhinein abzuschätzen, wie viel Gewinn man tatsächlich erzielt hätte. Man sieht jedoch, wie schnell sich die Einnahmen verringern können, je mehr Personen in das Ganze involviert sind.

Doch es wird immer Situationen geben, in denen diese Option sinnvoll ist. Das trifft beispielsweise auf Märkte zu, die Sie selbst nicht erreichen können oder die auch nicht durch einen Intermediär zu erreichen sind. Ebenso, wenn das Ganze zu zeitaufwendig wird.

Die Markeintrittsbarrieren fallen zwar ständig, dennoch sollte man diese Option im Hinterkopf bewahren. Niemand möchte auf seine Nutzungsrechte für Jahrzehnte oder eventuell sogar für den

Rest seines Lebens verzichten, um später herauszufinden, dass was zuvor unmöglich erschien, auf einmal sehr einfach möglich ist. Im Zweifel sollte man deshalb lieber abwarten. Erst einmal abwarten ist meist besser, als eine Entscheidung zu treffen, die man später bereut und nicht rückgängig machen kann.

Vorteile

- Man kann mehr Zeit mit dem Schreiben verbringen.
- Das Verlagshaus hat Erfahrung auf dem ausländischen Markt und kann damit, theoretisch, das Buch besser vermarkten.
- Die lokalen Verleger verfügen über eigene etablierte Vertriebskanäle. Für den Verlag ist es einfacher, Ihr übersetztes Buch in die Läden und Bibliotheken zu bringen.
- Keine monetären Vorleistungen.

Nachteile

- Sie haben keinen Einfluss mehr darauf, wie Ihre Nutzungsrechte zu Geld gemacht werden.
- Es ist sehr unwahrscheinlich, dass Sie Ihre Rechte jemals zurückerhalten, selbst dann nicht, wenn sich Ihr Buch nicht verkauft.
- Die Vertragslaufzeit erstreckt sich auf Ihre Lebenszeit, insofern gibt es kein Zurück mehr.
- Insgesamt werden Sie weniger einnehmen, da Sie ihre Gewinne mit Ihrem Literaturagenten, dem ausländischen Verlagshaus und anderen Involvierten teilen müssen.

- Sie haben weder Einfluss auf die Gestaltung des Umschlags oder den Preis, noch auf die Kategorisierung, Werbung oder anderes.

Aufgrund Ihres derzeitigen Wissens, hinsichtlich der Kosten einer Übersetzung und der verschiedenen Zahlungsoptionen, haben Sie sicher erste Schlussfolgerungen gezogen, welche Option für Sie am besten ist. Im nächsten Kapitel werden wir uns damit beschäftigen, wie man einen Übersetzer finden kann und die bekanntesten Übersetzungsplattformen kennenlernen.

5

ÜBER DAS WIE UND WO

Wie und wo findet man einen Literaturübersetzer Übersetzer kann man auf unterschiedlichstem Wege finden, unter anderem auf Internetseiten für Übersetzungen, Internetseiten für Freiberufler, durch Empfehlungen anderer Autoren und auf Online-Plattformen, die auf Übersetzungen spezialisiert sind. Wie man diese bewertet, dass werden wir in einem späteren Kapitel besprechen. Jetzt geht es erst einmal darum, wo man jemanden finden kann.

Dazu sehen wir uns zuerst die Übersetzungsplattformen an. Ich denke, dass es auf diese Weise für Anfänger auf diesem Gebiet am einfachsten ist. Übersetzungsplattformen sind die literarischen Dating-Websites von Autoren und Übersetzern. Einfach gesagt: Der Übersetzer sucht sich sein Buch aus und gibt ein Angebot ab oder Sie suchen nach einem Übersetzer und fragen, ob er an der Übersetzung Ihres Buchs interessiert ist. Im Gegenzug werden die Einnahmen, für die Dauer der Vertragslaufzeit - das sind üblicherweise fünf Jahre - zwischen Ihnen, dem Übersetzer und den Betreibern der Internetplattform geteilt.

. . .

ÜBERSETZUNGSPLATTFORMEN

Die Betreiber der Übersetzungsplattformen leisten die gesamte administrative Arbeit, einschließlich der Veröffentlichung und des Vertriebs. Sie sind zudem ein Informationspool, um Übersetzer zu finden, für Verträge und vertragliche Auseinandersetzungen, Verkaufsstatistiken und für alle Zahlungsvorgänge.

Die erzielten Netto-Tantiemen werden zwischen Autor, Übersetzer und den Betreibern der Plattform geteilt.

So kommt man am einfachsten an eine Übersetzung. Der Nachteil dabei ist, dass man einen Teil seiner Einnahmen abgeben muss und man teilweise die Kontrolle über die Preisfestsetzung, den Vertrieb und die werbliche Seite verliert.

Eigentlich ist die Rechnung ganz einfach: Wenn man den Betreibern der Internetplattform mehr bezahlen muss, als man einem Übersetzer bezahlen würde, dann lohnt es sich, direkt auf den Übersetzer zuzugehen. Für mich ist die Preisfindung immer am schwierigsten, da es auf den meisten Plattformen nicht erlaubt ist, regional unterschiedliche Preise festzulegen. Das sehe ich als großen Nachteil an, da ich mein ins Spanisch übersetzte Buch in Mexiko zu einem niedrigeren Preis verkaufen möchte, als in den USA und in Spanien.

Die Preisgestaltung hat wiederum Auswirkungen auf das Marketing, da viele Händler, wie beispielsweise Kobo und Apple, Preise möchten, die auf 0,99 Cent enden. Die dort zuständigen Einkäufer haben mir gesagt, dass sie Bücher, deren Listenpreis beispielsweise auf 0,74 Cent oder auf einen anderen Betrag als 0,99 Cent endet, nicht für Werbeaktionen oder den Einkauf in Betracht ziehen.

Derzeit bieten die meisten Internetplattformen zudem nur ein US-Dollar Preisfeld an. Der Preis in einer anderen Währung ist dann ganz einfach das Resultat des US-Preises multipliziert mit dem Wechselkurs. Somit sind Preise, die auf einen anderen Endbetrag als 0,99 Cent enden unvermeidbar. Ich hoffe, dass man auf diesen Plattformen in der Zukunft eine geographische Preiskomponente hinzufügen wird, um diesen Mangel auszugleichen. Bis es soweit ist, kann sich das auf die Auffindbarkeit des Buches und den potentiellen Umsatz auf vielen Märkten auswirken.

Ein weiterer Nachteil betrifft die Kategorisierung der Bücher. Jeder Händler hat eine leicht unterschiedliche Kategorisierung und ich selbst hätte meine Bücher gerne in der geeignetsten Kategorie, mit der geringsten Konkurrenz, um deren Auffindbarkeit zu optimieren. Selbst wenn man die beste Kategorisierung innerhalb der wichtigsten Vertriebskanäle gefunden hat, ist das bei den einzelnen Händlern noch keine Garantie dafür, dass sie auch so kategorisiert werden. Ich glaube, dass die meisten meiner Bücher eher in den allgemeinen Kategorien landen, wie beispielsweise in der "Mystery"-Kategorie, als in den Subkategorien, die ich vorher ausgewählt hatte.

Die wichtigsten Übersetzungsplattformen sind derzeit:

Babelcube.com – mit Sitz in den USA;

Fiberead.com – aus China;

und Traduzione Libri – aus Italien.

Sie haben im Prinzip alle das gleiche Royalty-Sharing-Prinzip. Der Autor zahlt nichts vorab, teilt jedoch die Tantiemen während der Vertragslaufzeit.

Babelcube

Babelcube ist die etablierteste Internetplattform, was das Royalty-Sharing-Prinzip angeht und sie ist auch die, die ich jedem Anfänger empfehlen würde. Die Internetplattform hat ein gutes Design und ist benutzerfreundlich. Babelcube behält sich die Exklusivrechte für fünf Jahre vor. Danach kann man direkt veröffentlichen und alle derivativen Rechte, wie die Erstellung von Hörbüchern, die auf dieser Übersetzung basieren, ausüben.

Die Umsatzerlöse werden zwischen dem Übersetzer, dem

Erfolgreich im Ausland: Übersetzungen für Self-Publisher 65

Autor und Babelcube aufgeteilt, dabei verringert sich der prozentuale Anteil stufenweise mit dem Erreichen unterschiedlicher Umsatzschwellen. Der Anteil ist dabei für den Übersetzer anfangs höher, was sich aber zugunsten des Autors verändert, sobald höhere Verkaufszahlen erreicht werden.

Man lädt zunächst das Buchcover und den Klappentext hoch und sucht anschließend nach einem Übersetzer, indem man, neben der Sprachkombination, verschiedene Suchkriterien eingibt. Die Übersetzer können ihrerseits nach dem gleichen Prinzip nach Autoren suchen und sich eines Ihrer Bücher zum Übersetzen aussuchen. Sie erhalten ein Angebot und können dann anhand einer Testübersetzung entscheiden.

Ich empfehle, aktiv nach einem Übersetzer zu suchen anstatt auf das Angebot eines Übersetzers zu warten. Die meisten guten Übersetzer sind 6 bis zwölf Monate im Voraus ausgebucht, manchmal sogar länger, sodass man zumindest auf ihre Warteliste kommen kann, falls sie an der Übersetzung Ihres Buches interessiert sind.

Man kann ein Angebot pro Tag und pro Buch abgeben und es kann manchmal Tage oder sogar Monate dauern, bis die Übersetzer antworten. Aus diesem Grunde sollte man sich eine Tabelle erstellen und sie nach Sprachen unterteilen, damit man nachvollziehen kann, wann man wen kontaktiert hat. Denn wenn man mehrere Bücher hat, dann kann das Ganze unübersichtlich werden, denn man kann auf dieser Plattform lediglich alle E-Mails nochmals dem Datum nach durchgehen, nicht aber der Sprache nach.

Ich habe eine Strategie entwickelt, nach der ich zuerst die Sprachen auswähle, in die ich das Buch übersetzt haben möchte und dann die Übersetzer auflistete, die meine Kriterien erfüllen. Wenn Sie eine Buchreihe haben und nach einem Übersetzer suchen, der Ihnen die ganze Buchreihe übersetzt, dann beachten Sie, dass jedes Buch gute sechs Monate oder länger braucht, bis es übersetzt ist. Wenn man bereits sechs Monate darauf wartet, bis man überhaupt mit dem Übersetzer zusammenarbeiten kann, dann dauert es mindestens ein Jahr, bis das erste Buch übersetzt ist.

Die Bandbreite der Übersetzer bei Babelcube reicht von erfahrenen Literaturübersetzern mit einem Übersetzerdiplom, über frisch diplomierte Übersetzer, die Erfahrung sammeln wollen, bis hin zu Arbeitslosen und Rentnern mit bilingualem Hintergrund und allem, was dazwischen liegt.

Es gibt einige hervorragende Übersetzer bei Babelcube, aber es gibt auch jede Menge Leute, die auf diesem Gebiet überhaupt keine Erfahrung haben. Es ist die Zeit wert, sorgfältig nach einem Übersetzer zu suchen und dessen Erfahrung und Eignung zu überprüfen, bevor man sich für eine Zusammenarbeit entscheidet. Mehr dazu in einem späteren Kapitel.

Derzeit bietet Babelcube die folgenden Sprachen an:

Afrikaans

Niederländisch

Englisch

Französisch

Deutsch

Italienisch

Japanisch

Norwegisch

Portugiesisch

Spanisch

Babelcube behauptet von sich, nur Sprachen anzubieten, für die es ausreichend Übersetzer gibt und bei denen eine angemessene Nachfrage nach Autoren besteht. Das trifft meiner Meinung nach in den meisten Fällen auch zu. Es gibt zwar ein paar Übersetzer für Japanisch und Norwegisch, doch nahezu keine Vertriebskanäle, die bis in die japanischen oder norwegischen Läden reichen. Auch gibt es ein paar Sprachen, die ich gerne zusätzlich sehen würde, die jedoch bis jetzt noch nicht hinzugefügt worden sind.

Die Plattform selbst ist benutzerfreundlich und einigermaßen gut aufgebaut. Weniger zufriedenstellend ist die Kundenbetreuung und die Geschwindigkeit, mit der die Bücher auf den Markt kommen. Rückfragen bleiben oft unbeantwortet, was ziemlich frustrierend sein kann, wenn man Probleme hat.

Es scheint, dass Babelcube das Wachstum seines Unternehmens zu schaffen macht und nur über wenige Mitarbeiter verfügt. Zudem gibt es ab und an technische Schwierigkeiten. Mitteilungen zwischen Autoren und Übersetzern werden teilweise nicht zugestellt. Bis es zur Veröffentlichung kommt, kann es lange dauern und es kann zu unerklärlich langen Verzögerungen kommen. Es kann zum Beispiel vorkommen, dass ein E-Book bei Apple publiziert wird, doch erst Wochen später bei Amazon erscheint. So war es zumindest noch Ende 2016. Ich verstehe zwar, dass es bei dieser Plattform in der Vergangenheit Entwicklungsprobleme gab, hoffe jedoch, dass diese mittlerweile gelöst sind. Man kann sich leicht vorstellen, dass sich dadurch die Vermarktung eines neuen Buches extrem kompliziert gestalten kann.

Autoren und Übersetzer beschweren sich über den Service bei Babelcube, etwas, was sich verbessern muss, wenn sie neben den neuen Übersetzungsplattformen wettbewerbsfähig bleiben wollen. Die Plattform ist zwar gut gestaltet, wurde aber schlecht implementiert. Ein paar Verbesserungen bei der Abwicklung wären sicher von Vorteil.

Was die Übersetzungen selbst angeht, so kann man wählen, ob man mit einem Übersetzer oder einem Team von Übersetzern zusammenarbeiten möchte. Ich empfehle, so oft wie möglich, ein Team von Übersetzern zu wählen. Es besteht aus einem hauptverantwortlichen Übersetzer und ein oder zwei, die Korrektur lesen. Damit lässt sich nicht nur die Anzahl der Fehler reduzieren, sondern auch die Gefahr, dass das Projekt aus der Bahn läuft.

Wenn der Übersetzer dazu keine Informationen in seiner Kurzbiographie hat, dann frage ich immer nach. Das bedeutet wiederum, dass sie einen Teil ihrer Bezahlung an einen zweiten Übersetzer abgeben müssen. Doch das hat auch Vorteile. Die Übersetzung wird schneller fertig und eine zweite Person übernimmt das Lektorat. Auf diese Weise entsteht ein sprachlich geschliffeneres Buch.

Babelcube arbeitet nach dem Royalty-Sharing-Prinzip. Die Einnahmen bewegen sich entlang einer gleitenden Skala. Von den ersten 2.000 Dollar Umsatz erhält der Übersetzer zunächst 55 Prozent des Nettoerlöses. Ab 8.000 Dollar Umsatz erhält er nur noch 10 Prozent des Nettoerlöses. Der Autor erhält von den ersten 2.000 Dollar 30 Prozent, danach geht es hoch bis auf 75 Prozent, wenn der Umsatz auf 8.000 Dollar und darüber ansteigt. Hier die Grafik: http://www.babelcube.com/faq/revenue-share

Dazu ist anzufügen, dass die Übersetzer aufgrund des Beteiligungsmodells anscheinend eher Kurzgeschichten bevorzugen. Oftmals ist den Übersetzern dabei jedoch nicht klar, dass sich Kurzgeschichten schlechter verkaufen als Romane. Es geht somit nicht immer zu ihren Gunsten aus.

WIE DAS GANZE FUNKTIONIERT:

- Der Autor lädt sein Buch auf der Babelcube-Plattform hoch.
- Der Autor kann nach Übersetzern suchen und die Übersetzer können ihrerseits nach Büchern suchen.
- Der Übersetzer kann dem Autor ein Angebot unterbreiten, indem er ihn kontaktiert und innerhalb eines bestimmten Zeitrahmens eine kurze Testübersetzung liefert.
- Akzeptiert der Autor die Testübersetzung, dann folgt eine längere Testübersetzung und anschließend ein Standardvertrag.

- Der Übersetzer kann alleine oder zusammen mit einem weiteren Übersetzer zusammenarbeiten, der das Lektorat übernimmt.
- Die Autoren werden über PayPal bezahlt (derzeit die einzig mögliche Zahlungsart).

Fiberead

Fiberead.com ist eine Übersetzungs-Plattform aus China, auf der ins vereinfachte und traditionelle Chinesisch übersetzt wird. Der Autor erhält 30 Prozent des Nettoerlöses. Für die Zukunft sind noch weitere Sprachen geplant. Fiberead bietet Autoren die Möglichkeit, ihre Bücher über alle wichtigen Plattformen in China zu vertreiben. Allerdings gibt es auch erhebliche Nachteile, weswegen man vorsichtig handeln sollte.

Ein Plus von Fiberead ist, dass es weniger nach dem Selbstbedienungsprinzip aufgebaut ist wie Babelcube. Es tritt mehr als Verlagshaus auf, da ein Projektmanager bei Fiberead alle Aufgaben übernimmt, sobald man das Buch hochgeladen hat. Dem Buch wird ein Übersetzerteam zugeordnet, das die Übersetzung, das Lektorat und das Korrekturlesen übernimmt. Rechnen Sie mit vielen Rückfragen Ihrer Übersetzer, da jeder Übersetzer, Lektor oder Korrekturleser mit eigenen Fragen kommt.

Ich habe Fiberead schon für mehrere Übersetzungen genutzt und der Ablauf erscheint mir klar strukturiert und der Internetauftritt gut gestaltet und implementiert zu sein. Fiberead bringt das Buch auf den Markt, übernimmt den Vertrieb und die Preisgestaltung. Sobald das Buch bei Fiberead hochgeladen ist, braucht der Autor nichts weiter zu tun.

Fiberead hat zudem ein sehr gutes Vertriebsnetz mit den größten chinesischen Handelsketten aufgebaut, Läden in die man ansonsten nur schwer oder beinahe unmöglich einen Fuß in die Tür bekommt. Dennoch habe ich ein paar Probleme mit Fiberead, was das Unternehmen an sich angeht. Fiberead hat erst vor kurzem einige ihrer Vertragsklauseln geändert und einige der neuen Klauseln sind für Autoren durchaus von Nachteil. Meine Bücher wurden bisher noch mit der früheren Vertragsversion verlegt. Ich habe nicht vor, noch weitere Bücher mit Hilfe der Fiberead-Plattform übersetzen zu lassen, es sei denn, sie würden ihren derzeitigen Vertrag wieder ändern.

Ich möchte Sie deshalb darauf aufmerksam machen, den Vertrag gründlich durchzulesen und auf nichts einzugehen, solange Sie die einzelnen Vertragsinhalte nicht völlig verstanden haben. Das betrifft insbesondere die Klausel hinsichtlich der derivativen Rechte, da diese an Fiberead übergehen. Der Vertrag ermöglicht es den Betreibern, von Ihrem geistigem Eigentum an Ihrer Story noch weitere derivative Rechte abzuleiten. Mit anderen Worten ist das Rechteklau.

Gemäß diesen Klauseln geben Sie gewissermaßen die Erlaubnis, ohne Ihre Zustimmung, Film-, Gaming- und andere Rechte weiterzuverkaufen. Einige Autoren sind sich dieser Klausel völlig bewusst, gehen jedoch davon aus, dass sie diese Rechte eh nie selbst zu Geld machen könnten. Aber man weiß nie, was am nächsten Tag passiert und es gibt sicher andere chinesische Verleger, die Ihnen einen besseren Vertrag anbieten werden.

Ist Ihr Buch weniger gefragt, dann haben Sie sehr wahrscheinlich auch nichts verloren, doch wenn die Verkaufszahlen plötzlich in die Höhe schießen sollten, dann hätten Sie sich gewünscht, dass Sie die Rechte behalten hätten. China ist ein riesiger Markt, auf dem man keine Fehler machen sollte.

Andere Klauseln bei Fiberead sehen vor, dass der Autor die Ausgaben für den Umschlag trägt, etwas von dem sie mittlerweile anscheinend Abstand genommen haben. Den Autor aufzufordern, sich an den Druckkosten zu beteiligen, nachdem man bereits vertraglich 70 Prozent an Fiberead und die Übersetzer von Fiberead abgibt ist unredlich. Die Vertragsbedingungen stehen außer Konkurrenz zu denen anderer Plattformen, aber vielleicht nur deshalb, weil es derzeit keine echte Konkurrenz für sie gibt. Und leider unterzeichnen viele Autoren einfach den Vertrag, ohne ihn zuvor durchgelesen zu haben.

Zudem weigert sich Fiberead seinen Autoren ein Exemplar des übersetzten Buches in einem ePub oder anderen Format zu geben, mit der Begründung dadurch Raubkopien verhindern zu wollen. Es ergibt keinen Sinn, dass ein Autor Raubkopien von seinem eigenen Werk ziehen würde und die Aushändigung eines Exemplars ist übliche Geschäftspraxis. Viele Autoren haben sich deshalb bereits bei Fiberead beschwert, jedoch ohne Erfolg.

Ich bin davon überzeugt, dass in naher Zukunft mehr Wettbewerb in China herrschen und es bessere Vertragsbedingungen geben wird. Bis dahin würde ich solange von Übersetzungen mit Fiberead Abstand nehmen, bis bei der Vertragsgestaltung wirtschaftlich akzeptable Bedingungen herrschen.

Wie das Ganze funktioniert

- Die Autoren laden ihre Bücher auf der Fiberead-Plattform hoch.
- Jedes Buch wird einem Projektmanager zugeteilt, der das ganze Übersetzungsprojekt verantwortet.
- Die Übersetzer geben ein Angebot für das Buch ab, werden hinsichtlich ihrer Testübersetzung bewertet und arbeiten, wenn diese zufriedenstellend war, in einem Team, das aus einem Übersetzer, einem Lektor und einem Korrekturleser besteht.
- Fiberead übernimmt alles: Die Auswahl des Übersetzers, die Veröffentlichung des Buches, die Preisgestaltung und die Auswahl der Buchkategorie.
- Die Autoren werden über PayPal bezahlt (derzeit die einzig mögliche Zahlungsart).

Traduzione Libri

Traduzionelibri.it ist eine brandneue Plattform, die auf dem Royalty-Sharing-Prinzip basiert und von dem italienischen Unternehmen Tektime betrieben wird. Man kann dort einige Sprachen wie zum Beispiel Polnisch und Arabisch finden, die derzeit nicht auf Babelcube zur Verfügung stehen. Das hört sich klasse an, bis man feststellt, dass es für viele der Sprachen, die dort angeboten werden, keine Vertriebskanäle gibt. Da man seine Übersetzung während der Vertragslaufzeit nirgendwo anders in den Vertrieb bringen oder hochladen kann, nimmt das erst einmal den Wind aus den Segeln. Ich hoffe, dass dieser Mangel bald behoben wird, doch im Moment ist es schwierig damit einen hohen Umsatz zu erreichen.

Die Umsatzbeteiligung ist auf dieser Plattform für den Übersetzer höher. Das könnte bei der Suche nach einem Übersetzer von Vorteil sein, denn die Einnahmen sind bei diesem Royalty-Sharing-Modell höher. Die Übersetzungsplattform gleicht der von Babelcube, inklusive der fünfjährigen Laufzeit für die Verträge.

Zum Zeitpunkt, als ich dieses Buch geschrieben habe, war die Plattform gerade mal ein paar Monate alt. Die Internetseite ist in italienischer Sprache. Es gibt aber auch eine englische Version. Die Seite funktioniert, doch es wird derzeit noch an ein paar kleineren Unstimmigkeiten gearbeitet. Sollte es für alle Sprachen auch Vertriebsmöglichkeiten geben, dann kann die Seite durchaus mit Babelcube konkurrieren.

Während ich an diesem Buch geschrieben habe, waren bei Traduzione Libri die folgenden Sprachen verfügbar:

Esperanto
Afrikaans
Malaysisch
Norwegisch
Polnisch
Rumänisch

Russisch
Arabisch
Singhalesisch
Slowakisch
Schwedisch
Thai
Türkisch
Spanisch
Albanisch
Mazedonisch
Serbisch
Kroatisch
Burmesisch
Ungarisch
Französisch
Bulgarisch
Deutsch
Tschechisch
Dänisch
Italienisch
Niederländisch
Estländisch
Finnisch
Portugiesisch
Griechisch
Japanisch
Isländisch
Indonesisch
Chinesisch

Ich bin allerdings überfragt, wo man eine Übersetzung ins Esperanto zu Geld machen könnte, aber man weiß nie, wann die Märkte an Fahrt gewinnen.

Wie das Ganze funktioniert

- Der Autor lädt das jeweilige Buch auf der Traduzione Libri Plattform hoch.
- Die Übersetzer geben Angebote für das jeweilige Buch ab und liefern eine Testübersetzung.
- Die Autoren haben die Möglichkeit den prozentualen Royalty-Sharing Anteil mit einem Pauschalhonorar aufzubessern, das bei Lieferung der Übersetzung gezahlt wird.

Weitere Internetseiten

Sollten die Übersetzungsplattformen, die auf dem Royalty-Sharing-Prinzip basieren, nichts für Sie sein, da Sie lieber direkt mit dem Übersetzer in Verbindung treten möchten, dann gibt es genügend Alternativen, um einen Übersetzer zu finden. Es ist zwar nicht ausgeschlossen, aber eher selten, dass man auf anderem Wege einen Übersetzer findet, der bereit ist, auf Basis eines Royalty-Sharing-Vertrags zu arbeiten.

Hier sind einige gängige Internetseiten, auf denen man Übersetzer finden kann:

Internetseiten speziell für Übersetzer

ProZ.com

Dies ist eine Internetseite speziell für Übersetzer, aber nicht ausschließlich für Literaturübersetzer. Es handelt sich dabei um das größte weltweite Netzwerk für Übersetzer und die meisten Übersetzer mit einer fundierten Ausbildung und/oder beruflicher Erfahrung werden dort ihr Profil eingestellt haben. Man kann dort Übersetzungsaufträge vergeben oder nach einem Übersetzer suchen. Man kann dort auch nach Übersetzern suchen und ihre Berufserfahrung anhand von Kundenratings überprüfen. Zudem kann man dort eigene Suchkriterien eingeben, um an die Kontaktinformationen und Internetseiten der Übersetzer zu kommen. Man bekommt auch ein gutes Gefühl für die gängigen Marktpreise der jeweiligen Sprachen. In einem der nachfolgenden Kapitel werde ich Ihnen dabei helfen, Bewertungskriterien für Übersetzer zu entwickeln. Doch zunächst wollen wir uns lediglich die einzelnen Internetseiten und das, was sie zu bieten haben, ansehen.

Eine weitere, mit ProZ vergleichbare Seite ist Translator's Café.

Freelancer-Plattformen

Übersetzer kann man auch auf Freelancer-Plattformen wie Upwork (früher Elance) finden. Man sollte sich jedoch im Klaren darüber sein, dass die Betreiber der Seiten normalerweise einen beträchtlichen Teil der Gesamterlöse für sich behalten. Aus diesem Grund müssen die Übersetzer wiederum ihren Preis erhöhen, um dies auszugleichen oder für weniger Geld arbeiten. Sehr gute Übersetzer sind normalerweise nicht bereit, für weniger Geld zu arbeiten. In manchen Fällen ist es deshalb besser, den Vertrag direkt mit dem Übersetzer abzuschließen.

Diese Seiten bieten Rating-Systeme für beide Vertragsparteien an, sodass beide dazu angehalten werden, gut miteinander zu arbeiten.

Die Vorteile, über eine Freelancer-Plattform zu gehen, decken sich zum Teil mit denen der Royalty-Sharing-Plattformen. Zahlungen und Streitigkeiten werden über eine dritte Partei abgewickelt. Sollte etwas nicht wie geplant laufen, dann hat der Übersetzer dennoch ein Interesse daran, gemäß den Vertragsbedingungen zu liefern, wenn er ein gutes Rating und auch in Zukunft Arbeit über diese Internetseite bekommen möchten.

Eine weitere Möglichkeit, die ich selbst noch nicht ausprobiert habe, die von manchen Autoren aber genutzt wird, ist Fiverr. Ich empfehle nicht, diesen Pfad einzuschlagen, denn das Einzige, was diese Seite zu bieten hat, sind kleinere Jobs. Sie werden dort kaum professionelle Übersetzer finden. Die Seite ist mehr auf die Übersetzung von beispielsweise Briefen ausgelegt, weniger für so komplexe Projekte wie eine Buchübersetzung.

Ich habe auch schon von einigen Autoren gehört, die jemanden über Craigslist gefunden haben und dass zu zum Teil günstigen Preisen. Obwohl ich derartige Internetseiten überhaupt nicht in Frage stelle, um einen selbstständigen Übersetzer zu finden, ziehe ich es vor, Übersetzer auf Seiten zu finden, auf denen sich auch professionelle Übersetzer tummeln.

Empfehlungen von Kollegen

Es bietet sich auch immer an, durch Empfehlung anderer Autoren an Übersetzer zu kommen. Allerdings hat jeder andere Ansprüche an eine Übersetzung und so kann es durchaus sein, dass ein exzellentes Rating Ihren Ansprüchen nicht gerecht wird. Denken Sie auch daran, dass viele schlechte Ratings vermeiden, denn selbst, wenn Sie nicht zufrieden sind, möchten Sie die Zukunftschancen des Übersetzers nicht mindern und vermeiden, dass die schlechte Referenz auf Sie zurückgeführt werden kann.

Unabhängig davon, wie sehr Ihnen der Übersetzer empfohlen wird, gehen Sie sicher, dass Sie eine Testübersetzung erhalten und diese von einem anderen unabhängigen Übersetzer beurteilen lassen. Und zu guter Letzt: Lassen Sie die Übersetzung von einem Muttersprachler gegenlesen, der gerne liest und im Land der Zielsprache lebt oder noch vor kurzem dort gelebt hat.

Unmittelbarer Vertrag zwischen Autor und Übersetzer

Wenn Sie einen guten Übersetzer gefunden haben, der exzellente Referenzen hat und der Ihnen von einem anderen Autor empfohlen wurde, dann sollten Sie sich eventuell direkt mit ihm in Verbindung setzen. Vielleicht haben Sie auch schon mit diesem Übersetzer auf der Babelcube-Plattform oder einer anderen Plattform zusammengearbeitet und sich dafür entschieden, die nächste Übersetzung direkt mit ihm anzugehen. Genau das habe ich bereits mehrmals getan. Es ist auch nicht ungewöhnlich, zunächst über eine Übersetzungsplattform zu gehen und dann, sobald man sich näher kennt, das nächste Projekt ohne Plattform in der Mitte anzugehen.

Wenn man das Ganze direkt angehen möchte, dann sollte man folgendes zur Hand haben:

- Einen ähnlich gestalteten Vertrag, dessen Klauseln auch den Gerichtsstand für alle Rechtsstreitigkeiten enthält, der klärt, wer Inhaber der Rechte ist (was entspricht im Land der Zielsprache rechtlich dem amerikanischen "Work-for-Hire"-Vertrag), ebenso die Zahlungsmodalitäten und die wichtigsten Eckdaten (vergleichen Sie dazu die unterschiedlichen Übersetzungsverträge auf den Plattformen).
- Alle steuerlichen Aspekte (Zahlungen, Steuervorauszahlungen, Berichtswesen und ähnliches) sollten sowohl für das Land des Autors als auch für das des Übersetzers geklärt sein.

GEBÜHREN, Zahlungsmodalitäten und Zeitplanung

Sie können wählen, ob Sie lieber ein Pauschalhonorar, eine reine Beteiligung an der Tantieme oder eine Kombination von beidem haben wollen. Da es sehr mühsam sein kann, wenn man mehrere Übersetzer gleichzeitig zu zahlen hat, würde ich nicht öfter als quartalsweise abrechnen.

Versichern Sie sich auch, dass Ihr Vertrag erst dann Zahlungen vorsieht, wenn Sie Ihr Geld bereits erhalten haben. Es wäre zum Beispiel ungünstig, den Übersetzer 30 Tage nach Verkauf eines Buches zu zahlen, da Amazon erst 60 Tage nach Ende des Monats, in dem der Verkauf stattgefunden hat, bezahlt. Sie würden ansonsten den Übersetzer mit Geld bezahlen, dass Sie noch nicht einmal in der Kasse haben. Zudem, je mehr

Transaktionen Sie haben, desto höher werden auch Ihre Transaktionskosten sein. Sollten Sie sich dazu entschließen, einen Pauschalbetrag oder einen Fixpreis pro Wort zu zahlen - der Preis pro Wort kann dabei erheblich variieren - dann sollten Sie Ihr Angebot mit dem Marktpreis abstimmen, da der Preis pro Wort von der Sprachkombination, von der Nachfrage, von der Berufserfahrung des Übersetzers und vom Lohnniveau im jeweiligen Land abhängt. Auf Pro.Z kann man sich hinsichtlich des Preisniveaus einen ganz guten Überblick verschaffen.

Übersetzer rechnen üblicherweise pro Wort ab. Dabei reicht die Bandbreite von Euro 0,02 Euro bis 0,15 Euro pro Wort und höher. Für einen Roman mit einem Umfang von 80.000 Wörtern können das 1.600 bis 12.000 Euro pro Roman sein. Das ist eine weite Spanne und ein enormes Investment. Aus diesem Grund empfehle ich die Marktpreise nicht nur zu überprüfen, sondern zunächst zu versuchen, einen Vertrag auf Royalty-Sharing-Basis abzuschließen, um ein Gefühl für das Ganze zu bekommen.

Auch ich habe mit Royalty-Sharing begonnen. Mittlerweile habe ich jedoch auch viele Bücher auf Basis eines Pauschalhonorars übersetzen lassen. Es hängt wirklich von unterschiedlichen Faktoren ab. Ist die Nachfrage bei einer Sprachkombination hoch, dann gibt es sehr wahrscheinlich mehr Verträge, die per Preis pro Wort abgeschlossen werden und die Übersetzer sind weniger bereit, auf Basis eines Royalty-Sharing-Vertrags zu arbeiten.

Ich ziehe es vor, direkt mit dem Übersetzer einen Royalty-Sharing-Vertrag abzuschließen. Auf diese Weise bleibt mehr Geld übrig, das zwischen Autor und Übersetzer geteilt werden kann und ich behalte die Kontrolle über das Buch, was die Preisfindung und anderes angeht. Zudem wird der Übersetzer dazu angehalten, bei allem zu helfen, was dem Erfolg des Buches hilft. Das ist nicht all zu viel, aber man kann den Übersetzer einfacher fragen, ob er bei der Übersetzung der Marketingtexte behilflich sein kann, da man sich aufgrund der laufenden Tantiemenzahlungen noch in einer Geschäftsbeziehung befindet.

Man muss sich allerdings bewusst sein, dass mit einem direkten Vertrag auch erhebliche Fallstricke verbunden sein können. Liefert der Übersetzer nicht oder liefert er ein schlechtes Produkt, dann hat man weniger Optionen. Ein weiterer Nachteil ist der enorme Umfang der Buchführung. Man muss für jeden Übersetzer Buch führen, was sehr schnell sehr zeitaufwendig werden kann, vor allem mit ansteigender Zahl der Übersetzer.

Letztendlich wird oft ein wichtiger Grund übersehen, warum es sich lohnt, über eine direkte Vertragsbeziehung nachzudenken: Amazon Kindle Direct Publishing (KDP Select). Wurde das Buch über die Babelcube-Plattform oder eine andere Plattform übersetzt, dann wird es automatisch in vielen Läden, jedoch nicht über Amazon vertrieben und man hat keine Möglichkeit mehr auszusteigen.

Egal für welche Zahlungsmodalitäten Sie sich entscheiden, es empfiehlt sich immer zuerst klein anzufangen, mit einem Buch oder einer Kurzgeschichte, bevor man sich endgültig entscheidet.

6

WAS GENAU MACHT EIGENTLICH EIN ÜBERSETZER?

Ein guter Übersetzer ist ein Brückenbauer zwischen zwei Welten. Er bringt unsere Worte mit Hilfe einer anderen Sprache in eine neue Form, übersetzt und transformiert unsere Geschichten in eine neue Sprache, ohne dabei den ursprünglichen Sinn des Originals zu entstellen. Durch meine Übersetzer - und deren Übersetzungen - fühle ich mich auf eine ganz neue Weise mit der Welt verbunden.

Etwas von einer in eine andere Sprache zu übersetzen, das hört sich an, als könnte das jeder tun, der zwei Sprachen beherrscht, oder? Nicht ganz. Beim Übersetzen eines Romans handelt es sich nicht nur um einen Informationstransfer in eine andere Sprache. Ein guter Übersetzer versteht es, die ganze Leidenschaft eines Liebesromans, genauso wie die Spannung eines Thrillers über den ganzen Roman hinweg zu bewahren, indem er sich den Stil und die Stimme des Autors und des Genres zu eigen macht. In der Realität ist das schwieriger als man denkt. Der Übersetzer schreibt Ihr Buch quasi neu, nur in einer anderen Sprache und behält dabei die Stimme des Autors, seinen Stil und dessen Schreibintension bei. Der Leser soll das gleiche

Leseerlebnis haben, wie ein Leser, der das Buch in der Ausgangssprache liest.

Obwohl viele Ihrer Freunde fließend Englisch sprechen, können nur wenige oder nahezu niemand von ihnen deshalb auch ein Buch schreiben. Ein Literaturübersetzer sollte gleichermaßen Schreib- und Sprachfähigkeiten mitbringen. Der Übersetzer beherrscht also nicht nur beide Sprachen, sondern hat zudem auch noch ein Literaturverständnis. Nur weil jemand Ihren Text versteht, ist das noch keine Garantie dafür, dass er Ihre Formulierungen, Ihre Stimme und Emotionen auch interpretieren und einer anderen Leserschaft vermitteln kann. Beim Beruf des Übersetzers ist es wie bei vielen anderen Berufen auch. Man sieht nur 5 Prozent von dem, was ein Übersetzer leistet, die restlichen 95 Prozent sieht man nicht.

Viele Übersetzer lesen Ihr Buch zunächst von Buchdeckel zu Buchdeckel durch, bevor sie die Übersetzung überhaupt annehmen. Wenn Sie den Auftrag angenommen haben, dann folgen mehrere Rohfassungen. Mit der ersten Fassung wird alles zu Papier gebracht. Nach Abschluss der ersten Fassung legen viele erst einmal eine Pause ein und lassen das Buch ruhen. Bis zur Fertigstellung des Buches folgen dann noch weitere Fassungen. Erinnert das nicht an das Schreiben eines Buches?

Im Grunde genommen ist es das auch, nur mit dem Unterschied, dass Sie die Handlung, die Figuren und das Tempo bereits vorgegeben haben. Ein guter Übersetzer wird die Stimme des Autors und den Erzählstil wiedergeben können. Manche Übersetzer sind sogar so gut, dass sich die übersetzte Version besser liest als das Original.

Jährlich werden Preise für die besten Buchübersetzungen vergeben, wie etwa der Man Booker International Preis, für das am besten übersetzte Buch. Gute Übersetzer sind gefragt und verlangen verständlicherweise auch hohe Preise für ihre Arbeit. Diese Übersetzer liegen wahrscheinlich weit über unserem Budget, aber auch sie haben irgendwann einmal angefangen. Es gibt in diesem hoch spezialisierten Feld genügend gute Übersetzer zu erschwinglichen Preisen. Vielleicht ist ja ein zukünftiger Gewinner des Man Booker International Buchpreises unter ihnen.

Viele erfahrene Übersetzer versuchen einen Fuß in die Welt der Literaturübersetzung zu bekommen und sind bereit, für weniger Geld zu arbeiten, um Erfahrung zu sammeln. Viele Übersetzer, die noch unerfahren auf diesem Gebiet sind, sind vielleicht eifrige Leser Ihres Genres und gleichen ihren Mangel an Erfahrung durch ihr Gespür für Ihr Buch aus.

Auf der anderen Seite kann sich die Wahl eines schlechten Übersetzers nachhaltig auf Ihre Karriere als Autor auswirken. Eine schlecht gelungene Übersetzung kann ewig an Ihnen haften. Vorher gut zu recherchieren ist deshalb umso wichtiger. Eine misslungene Übersetzung fällt auf Sie und Ihren Markennamen als Autor zurück. Dies wieder rückgängig zu machen ist ziemlich schwer, also sollte man gleich alles richtig angehen. Ein enttäuschter Leser wird kein weiteres Buch mehr von Ihnen lesen. Und noch schlimmer, er wird das vielleicht sogar anderen raten.

Zudem braucht es seine Zeit, um eine gute Übersetzung anzufertigen. Es gibt also gute Gründe dafür, warum Übersetzungen teuer sind, denn es braucht viel Zeit und Mühe. Es wird jedoch immer Übersetzer geben, die einen Einstieg in den wachsenden Markt der Literaturübersetzung suchen. Sie sind in der Regel flexibler, was die Bezahlung angeht. Man kann durchaus Vereinbarungen finden, die für beide Seiten von Vorteil sind.

Dennoch sollte man gegenüber dem Übersetzer ehrlich sein, was die potentiellen Erträge des Buches angeht, insbesondere wenn sie einen Vertrag auf Basis des Royalty-Sharings anstreben. Der Buch-Stückumsatz kann täuschen, insbesondere wenn darin kostenlose Downloads oder 0,99 Cent Verkäufe enthalten sind. Geben Sie dem Übersetzer wenn möglich eine Ertragsvorschau für die jeweilige Ausgangssprache (in meinem Fall Englisch), damit er dies als Ausgangspunkt für seine Vergleiche nehmen kann.

Viele Leute, Übersetzer eingeschlossen, gehen davon aus, dass sich Bestseller auch in anderen Sprachen bestens verkaufen lassen. Das ist zwar sicher hilfreich, ist aber keine Garantie. Obwohl beliebte Bücher auf dem Markt mehr Umsatz bringen, so geschieht dies jedoch selten in einem kurzen Zeitraum. Man kann sicher eine grobe Schätzung abgeben, bleiben Sie aber dem Übersetzer gegenüber realistisch, was Ihre Angaben hinsichtlich der zu erwartenden Einnahmen und des Zeitrahmens angeht.

Das hängt natürlich auch von der Qualität der Übersetzung an sich ab.

Wenn man einen guten Übersetzer gefunden hat, dann sollte man auch auf eine langfristige Zusammenarbeit setzen und gemeinsam zukünftige Buchprojekte angehen. Genauso wichtig ist auch, dass die Kommunikation zwischen Übersetzer und Autor gut funktioniert. Wird überhaupt nicht kommuniziert, dann kann das ein Warnzeichen sein.

Bei meinem ersten Buch habe ich gleich schlechte Erfahrungen mit einer Übersetzerin gemacht, die mir zunächst eine sehr gute Testübersetzung geliefert hatte. Nachdem ich mit ihr einen Vertrag abgeschlossen hatte, hielt sie wiederholt ihre Abgabetermine nicht ein und antwortete auch monatelang nicht auf meine E-Mails. Als sie schließlich antwortete, kam sie mit verschiedensten Ausreden an und es ging einfach nicht voran. Während ich versuchte flexibel zu sein, war mir ihre fehlende Kommunikationsbereitschaft nicht ganz geheuer.

Ich habe nichts dagegen, wenn es sich etwas verzögert, denn die meisten Übersetzer haben ihr tägliches Pensum an Arbeit. Und manchmal kommt einfach etwas dazwischen. Mir ist am wichtigsten, eine qualitativ hochwertige Übersetzung zu bekommen, die nicht unter Zeitdruck entstanden ist. Doch diese Übersetzerin hatte mich in die Irre geführt und ich habe mich natürlich gefragt, was wohl aus der eigentlichen Übersetzung geworden war.

Ich hatte von meiner Seite aus alles soweit richtig gemacht, hatte den beruflichen Hintergrund überprüft, mir Bewertungen angesehen und sogar Referenzen von anderen Autoren eingeholt. Die Übersetzerin war mir von einem anderen Autor, der bereits mehrere Bücher von ihr hatte übersetzen lassen, wärmstens empfohlen worden. Aus diesem Grunde wollte ich mich auch verständnisvoll zeigen, was ihre persönliche Lage anging.

Doch Monat um Monat verging und die Deadlines wurden mehrmals nicht eingehalten. Meine innere Stimme sagte mir, dass es mit dieser Übersetzung wohl nichts werden würde. Ich hatte alle Optionen, bis auf die einer einseitigen Vertragsauflösung, ausgereizt. Da ich das eigentlich nicht wollte, bat ich sie darum, mir zumindest das zu liefern, was sie bisher übersetzt hatte und nach einigen Ausreden und weiteren Verzögerungen tat sie es dann auch. Mit Schrecken musste ich feststellen, dass sie den Rest des Buches einfach mit Google Translate übersetzt hatte, was sicher zu vielen schlechten Bewertungen und verärgerten Lesern geführt hätte.

Ich habe bis heute noch nicht verstanden, warum sie das getan hat, da sie aufgrund unseres fünfjährigen Royalty-Sharing Vertrags mit einer schlechten Übersetzung ebenso Geld verloren hätte wie ich. Natürlich hätte ich mehr Verluste gemacht, da ich vertraglich fünf Jahre an sie gebunden gewesen wäre. Ich hätte nicht nur Leser verloren, sondern hätte das Buch während der Vertragslaufzeit auch nirgendwo anders veröffentlichen können. Meine Reputation als Autorin wäre in diesem Land jedenfalls beschädigt worden und das Buch hätte sicher schlechte Bewertungen erhalten. Glücklicherweise konnte ich den Vertrag auflösen, ohne rechtliche Schritte einleiten zu müssen. Obwohl ich sie hätte verklagen können, investierte ich meine Zeit und Energie lieber sinnvoller und schrieb mein nächstes Buch.

Ich habe viel daraus gelernt. Es kann immer etwas schiefgehen, selbst dann, wenn jemand mit besten Empfehlungen kommt und es empfiehlt sich immer, auf seine innere Stimme zu hören. Die Übersetzerin hatte, aus welchen Gründen auch immer, bei mir qualitativ keine so gute Arbeit geleistet wie sie es bei dem Autor getan hatte, von dem sie mir damals empfohlen wurde. Frühere Leistungen sind folglich nicht unbedingt eine Garantie für die Zukunft. Es ist also immer wichtig, dass Sie Ihre Informationen selbst einholen, Testübersetzungen anfordern, unabhängig davon, wie sehr Ihnen jemand empfohlen wird.

Im nächsten Kapitel werden wir uns damit befassen, wie man einen Übersetzer auswählen und dessen Qualität bewerten kann, um zu verhindern, dass Ihnen die gleichen Fehler passieren wie mir.

7
WIE MAN EINEN ÜBERSETZER EVALUIERT UND AUSWÄHLT

Wenn Sie sich an ein paar grundsätzliche Regeln halten, können Sie schnell den Kreis der möglichen Übersetzer soweit einschränken, dass Sie mit der Übersetzung beginnen können.

KOMMUNIKATION IST der Schlüssel zum Erfolg
Es ist sehr wichtig, dass Sie ein gutes Verhältnis zu Ihrem Übersetzer aufbauen. Letztendlich führt das Textverständnis des Übersetzers zum Erfolg oder Misserfolg Ihres Buches. Neben den handwerklichen Fähigkeiten und dem Arbeitsstil des Übersetzers ist es auch wichtig, dass man ehrlich und offen miteinander kommuniziert und sich über die Häufigkeit und die Art der Kommunikation während des Übersetzungsprojekts verständigt. Möchten Sie lieber jemanden, der in regelmäßigen Abständen mit Fragen auf Sie zukommt oder jemanden, der das ganze Projekt eigenständig durchführt? Es gibt keinen Königsweg, aber man kann Missverständnissen vorbeugen, wenn man von Anfang an die gleiche Erwartungshaltung hat.

. . .

MUTTERSPRACHLER
Wie schon zuvor erwähnt, nennt man die Sprache, in die Ihr Text übersetzt werden soll, die Zielsprache. Die Sprache, in der Sie Ihr Buch geschrieben haben, bezeichnet man als Ausgangssprache.

Man braucht also nicht extra erwähnen, dass der Übersetzer die Ausgangssprache beherrschen sollte. Idealerweise sollte Ihr Übersetzer Muttersprachler sein, was die Zielsprache angeht. Er sollte zudem im Land der Zielsprache leben oder zumindest die letzten fünf bis zehn Jahre dort verbracht haben. Sprache verändert sich und Redewendungen kommen aus der Mode. Sie wollen ja nicht, dass eine antiquierte Sprache für die Übersetzung Ihres Buches benutzt wird, nur weil der Übersetzer die letzten dreißig Jahre nicht mehr in diesem Land gelebt hat.

Zudem sollte man vorsichtig sein, wenn jemand behauptet, gleich mehrere Sprachen zu beherrschen. Während der Übersetzer durchaus mehrere Sprachen bis zu einem gewissen Grad beherrschen kann, gibt es jedoch nur ein oder zwei, die er so gut beherrscht, dass es für eine Literaturübersetzung ausreichend ist.

MUTTERSPRACHLER VERSUS NICHTMUTTERSPRACHLER mit exzellenten Sprachfähigkeiten

Obwohl Sie sicher Leute kennen, die die Sprache Ihres Landes völlig beherrschen, selbst wenn sie keine Muttersprachler sind, so ist Ihnen wahrscheinlich aufgefallen, dass ihnen dennoch gewisse idiomatische Ausdrücke nicht geläufig sind oder einfach nicht benutzt werden. Das mag im tagtäglichen Leben nichts ausmachen, aber gerade in der Literatur sind oftmals Nuancen gefragt, die nur ein Muttersprachler erfassen kann.

Das soll nicht bedeuten, dass es keine Übersetzer gibt, für die Deutsch die Fremdsprache ist und die dennoch eine exzellente

Übersetzung liefern. Man kann sie eben an der Hand abzählen. Dass jemand wirklich bilingual aufgewachsen ist, ist eher die Ausnahme. Man kann sich sicher für einen Nichtmuttersprachler entscheiden, doch man sollte sich wirklich vergewissern, auf welchem Sprachlevel er sich bewegt. Da ich das selbst nicht beurteilen kann, bleibe ich lieber bei Muttersprachlern.

Das trifft insbesondere auf das Genre Fiction zu. Neben der eigentlichen Übersetzung, erfasst der Übersetzer ebenso die Kernaussage und den Ton des Originaltextes sowie das Erzähltempo und das Genre. Wenn Sie Liebesromane schreiben, dann sollten Sie versuchen, einen Übersetzer zu finden, der sich in diesem Genre auskennt. Der Übersetzer sollte nicht nur die Bedeutung der Worte erfassen, sondern auch die ganze emotionale Reise und die Gefühlsspannungen zwischen den Romanfiguren. Ideal wäre jemand, der begeistert Liebesromane liest und sich in Ihre Formulierungen, Ihr Erzähltempo und Ihre Stimme versetzen und alles in eigenen Worten wiedergeben kann. Der Übersetzer sollte die Handlung verstehen. Der Leser in Deutschland sollte das gleiche Leseerlebnis beim Lesen der deutschen Übersetzung haben, wie der Leser in der Ausgangssprache.

Fachliche Qualifikation

Die fachliche Qualifikation von Übersetzern in den einzelnen Ländern ist sehr unterschiedlich. In manchen Ländern gibt es standardisierte Qualifizierungsmöglichkeiten und Zertifizierungen. In vielen Ländern werden zudem Studiengänge im Übersetzungsbereich angeboten. Ich suche üblicherweise nach Übersetzern, die einen Master im Bereich der Literaturübersetzung oder einen vergleichbaren Abschluss haben.

Literaturübersetzung ist eine Kunstform und erfordert dieselbe kreative Leistung wie das Schreiben des Buches selbst. Ich denke, dass es sogar noch schwieriger ist, da sich der Übersetzer an die vom Autor gesetzten literarischen Grenzen halten muss, während er gleichzeitig die vom Autor geschaffene Welt in Worten wiedergeben und mit denselben Emotionen in eine fremde Kultur und Sprache übertragen muss. Der Übersetzer übernimmt eine Brückenfunktion zwischen zwei Sprachwelten.

Die berufliche Qualifikation ist ein guter Ausgangspunkt, doch genauso, wie sich Autoren unterscheiden lassen, lassen sich auch Übersetzer unterscheiden. Teilweise sind Übersetzer auf juristische oder medizinische Übersetzungen spezialisiert oder auf Bereiche, die nichts mit der Welt der Literatur zu tun haben. Ein Übersetzer, der die Welt der Technik beherrscht ist sehr wahrscheinlich keine gute Wahl für Ihren Roman. Ihre Wahl sollte irgendwo in der Mitte zwischen dem technisch versierten und dem literarisch begabten Übersetzer liegen. Übersetzer, die Bücher Ihres Genres lesen, sind sehr wahrscheinlich eine gute Wahl.

Nur weil jemand mehrere Sprachen beherrscht, ist das noch lange keine Garantie dafür, dass er auch den Sinngehalt Ihrer Worte und die darin liegenden Emotionen transportieren kann. Genauso erging es einer Autorin, die ihr Buch ins Spanische übersetzen ließ. Dem Buch fehlte es an Spannung und Tiefe, da der Übersetzer sich für eine Begriffswelt entschieden hatte, die mit der der Autorin nicht übereinstimmte.

Zum Beispiel verwendete er für "er schüttete sich das Wasser hinunter" die Formulierung "er trank Wassser" und für "sie rannte die Gasse hinunter" die Formulierung "sie rannte die Straße hinunter". Die Übersetzung mag zwar inhaltlich korrekt sein, ist jedoch weniger spannend. Für einen Thriller kann das den Unterschied zwischen einem fesselndem Buch und einem Ladenhüter ausmachen.

Es ist äußerst wichtig, dass der Übersetzer die Nuancen zwischen den Zeilen erkennt, denn sie oder er schreibt quasi eine Neufassung Ihres Buches für eine neue Leserschaft.

Es gibt natürlich immer Ausnahmen von der Regel. Und tatsächlich haben zwei meiner besten Übersetzer keine der zuvor genannten Qualifikationen. Beide haben keine offiziellen Qualifizierungsnachweise, sind jedoch selbst Autoren. Keiner der beiden schreibt in meinem Genre, aber da sie selbst Autoren sind, verstehen sie mein Genre und die feinen Unterschiede bei der Wortwahl. Wirklich bilinguale Autoren, die zudem übersetzen sind rar, doch es gibt sie.

Ein weiterer Vorteil von Autoren, die gleichzeitig als Übersetzer arbeiten, ist, dass sie oft mediengewandt sind und Netzwerke in Ihrem Genre haben oder sich zumindest auf dem Buchmarkt auskennen und mit der Vermarktung in ihrer Sprache und ihrem Land vertraut sind. Sie können zu wichtigen Verbündeten werden, wenn es um das Marketing geht. Doch dazu später mehr.

WIE BEURTEILT man die Qualität eines Übersetzers?

Sie sprechen kein Wort Deutsch, können es auch nicht lesen. Wie sollen Sie also die Qualität einer Übersetzung ins Deutsche beurteilen können? Zum Glück gibt es ein paar einfache Methoden, um den Kreis Ihrer potentiellen Übersetzer einzugrenzen. Der Evaluationsprozess kann etwas zeitraubend sein, doch es ist die Mühe wert, will man einen guten Übersetzer finden. Dann können Sie hoffentlich eine gute Geschäftsbeziehung zu Ihrem Übersetzer aufbauen und viele Buchprojekte gemeinsam angehen.

Die Evaluation beginnt noch bevor Sie überhaupt eine Testübersetzung von Ihrem Übersetzer erhalten. Das Auswahlverfahren ist am allerwichtigsten und es ist auch der Grund, warum ich lieber selbst nach meinen Übersetzern suche, als darauf zu warten, dass ein Übersetzer ein Angebot für mein Buch abgibt. Durch meine Prüfkriterien kann ich gut 98 Prozent der auf der Babelcube-Plattform gelisteten Übersetzer aussortieren. Es ist zwar ein wenig aufwendig, aber es lohnt sich, denn es sind wirkliche Juwelen darunter.

Das Auswahlverfahren

Lebenslauf des Übersetzers

Egal wo Sie nach Ihrem Übersetzer suchen, er oder sie hat sicher eine Kurzbiographie in Ihrer Sprache verfasst. Ich lese die Informationen durch, suche nach den vorher genannten Qualifikationen, aber auch nach irgendwelchen Rechtschreib- oder Grammatikfehlern.

Gibt es Fehler, dann beherrscht derjenige oder diejenige die Sprache nicht vollends oder das Ganze wurde in Eile geschrieben. Egal was davon zutrifft, ich schließe sie aus meinem Kreis potentieller Übersetzer aus, denn ich möchte nicht das gleiche Endergebnis für mein Buch, weder aufgrund mangelnder Sprachkenntnisse, noch wegen fehlender Detailgenauigkeit.

Man findet auch Sätze, die zwar eine korrekte Satzstruktur in der Zielsprache aufweisen, dennoch in der Ausgangssprache, in meinem Fall im Englischen, etwas daneben klingen. Der Satz ist nur ein bisschen anders... in einem anderen Kontext würde er vielleicht sogar charmant klingen.

Meinem ersten Eindruck nach würde ich diese kleine Abweichung sogar verzeihen, da der Satz in der Zielsprache ganz bestimmt korrekt wäre. Aber ein Übersetzer, der bilingual ist und die Sprache beherrscht, wird die entsprechenden Anpassungen vornehmen und bei jedem, der es nicht tut, sollten Sie skeptisch sein. Wurden die textlichen Nuancen überhaupt wahrgenommen? Denken Sie daran, dass Sie lediglich eine Kurzbiographie vor sich haben. Wie hoch ist das Risiko, dass etwas in Ihrem Roman falsch übersetzt wird?

Die Übersetzung kann wunderbar sein, doch wenn sich

jemand nicht 100 Prozent sicher in der Ausgangssprache bewegen kann, dann besteht immer das Risiko, dass etwas falsch verstanden und dadurch falsch übersetzt wird. Selbst wenn das Risiko noch so gering ist, möchte ich es nicht eingehen.

Referenzen

Übersetzer arbeiten meistens in mehr als einer Sprachkombination, beherrschen idealerweise die Ausgangssprache und sind Muttersprachler in der Zielsprache. Die jeweilige Kombination aus Ausgangs- und Zielsprache nennt man die Sprachkombination.

Übersetzer geben ihre Sprachkombination normalerweise durch Abkürzungen an. Ein Übersetzer der vom Englischen ins Deutsche übersetzt gibt diese Sprachkombination gemäß des Standard-ISO-Codes 639-2 mit den Kürzeln EN-DE an.

Zudem gibt es Übersetzer für unterschiedliche Fachbereiche. Sie sollten demnach einen Literaturübersetzer wählen, da dieser eine spezielle Fachausbildung, sowohl hinsichtlich des sprachlichen Aspekts als auch hinsichtlich des Literaturaspekts, hat. Dabei unterscheiden sich die fachlichen Weiterbildungen von Land zu Land, doch der Gold-Standard ist ein Masterabschluss in der Fachrichtung Literarisches Übersetzen. Erfahrung in der Zusammenarbeit mit Verlagen - umso besser - da sich der Übersetzer dann auch im Verlagswesen auskennt und vielleicht sogar schon einige Bücher übersetzt hat.

In einigen Ländern gibt es spezielle Qualifikationen für Übersetzer. Beispielweise den ABRATES, des Brasilianischen Übersetzerverbandes, durch den die Übersetzer eine nationale Zulassung erhalten. In den USA ist es von Vorteil, wenn der Übersetzer Mitglied des amerikanischen Übersetzerverbandes ATA (American Translators Association) ist. Der Übersetzer kann dort eine ATA-Zertifizierung (ATA-Certified Translator) ablegen.

Damit haben Sie eine Basis für Ihren Auswahlprozess geschaffen, die den Ausgangspunkt Ihres Suchprozesses bildet.

Referenzen und Erfahrung sind noch keine Garantie dafür, dass der Übersetzer auch gut ist, doch ein gewisses berufliches Ansehen bringt immerhin mit sich, dass der Übersetzer genauso viel zu verlieren hat wie Sie. Er möchte ebenfalls keine schlechten Bewertungen, möchte seinen guten Ruf und seine Kunden nicht verlieren.

Professionelle Übersetzer haben meist ein Online-Profil bei LinkedIn, Facebook und speziellen Übersetzerplattformen wie ProZ.com. Dort findet man normalerweise Referenzen, die detaillierter sind als die ihres Babelcube-Profiles. Auf diesen Seiten gibt es zudem Bewertungen von Kunden, Empfehlungen und detailliertere Informationen zum Werdegang des Übersetzers.

Zudem können sich die Übersetzer auf diesen Internetseiten auch an Wettbewerben beteiligen, um ihre übersetzerischen Fähigkeiten zu demonstrieren. Sehen Sie einmal nach, ob Ihr Übersetzer daran teilgenommen hat und welche Punktzahl er erreicht hat. Überprüfen Sie auch die Personen, die die Bewertungen oder Empfehlungen abgegeben haben danach, ob der Übersetzer auch wirklich für sie gearbeitet hat. Ich habe schon ein paar Fälle gehabt, bei denen der Übersetzer seine Bewertungen von anderen Übersetzern erhalten hatte. Es lohnt sich also, die Bewertungen genauer unter die Lupe zu nehmen.

Fehlt der berufliche Werdegang, dann heißt das nicht, dass der Übersetzer weniger qualifiziert sein muss, aber es fehlt eben die Beurteilung durch Dritte.

Es ist wichtig, dass Sie alles sorgfältig überprüfen. Denn das Letzte, was Sie wollen, sind schlechte Rezensionen aufgrund einer schlechten Übersetzung. Der Leser wird sich an Ihren Namen erinnern, nicht an den des Übersetzers. Wer mit dem ersten Buch schlechte Erfahrungen gemacht hat, der wird wahrscheinlich kein Zweites mehr kaufen.

. . .

Erfahrungshorizont und Leistungsnachweise

Im Idealfall sollten Sie nach einem erfahrenen Übersetzer suchen, der bereits Bücher übersetzt hat, die sich so gut verkauft haben, dass es dazu auch Rezensionen gibt. Informieren Sie sich auf Amazon, Barnes & Noble, Kobo, Apple und Google Play über Bücher, die von diesem Übersetzer übersetzt wurden. Gehen Sie auf die jeweilige Seite im Ausland, nicht auf die Ihres Landes. Das heißt bei einem deutschsprachigen Übersetzer informieren Sie sich über Amazon.de, da Sie dort wahrscheinlich mehr Buchrezensionen finden werden.

Rezensionen haben so ihre Tücken. Man muss sich schon ein wenig damit auskennen, um sie beurteilen zu können. Wenn auf die Übersetzung selbst eingegangen wird, dann ist das bereits ein rotes Tuch für mich. Jegliche Kommentare, die sich auf die Qualität der Übersetzung beziehen, sind Grund weiter nachzuforschen, da der Leser die Übersetzung eigentlich nicht wahrnehmen und aus der Geschichte gerissen werden sollte. Bei einer guten Übersetzung wird der Leser überhaupt nicht merken, dass es sich bei dem Buch um eine Übersetzung handelt.

Regionale Unterschiede

Sprachen gibt es in verschiedenen Varietäten und aufgrund der Bevölkerung der jeweiligen Länder und den Zielländern, die Sie anstreben, wird es einige geben, die Sie bevorzugen. Spanisch ist ein gutes Beispiel dafür.

Es ist sogar so wichtig, dass ich es hier besonders hervorheben möchte. Das Spanisch, das in Spanien gesprochen wird, unterscheidet sich von dem in Mexiko. Mexikanisches Spanisch unterscheidet sich wiederum von dem im restlichen Südamerika. Der eine oder andere wird Ihnen vielleicht sagen, dass die Übersetzung Ihres Buches schlecht ist, was aber vielleicht nur daran liegt, dass ein anderes Spanisch verwendet wurde. Das mag unfair sein, kommt aber vor und wer möchte schon, dass sein

Buch nur deshalb schlechte Kritiken bekommt oder sich schlecht verkauft.

Erkundigen Sie sich über die Varietäten der Sprache und entscheiden dann. Das in Spanien gesprochene und geschriebene Spanisch unterscheidet sich beispielsweise grundlegend von dem lateinamerikanischer Länder. Es gibt sogar Unterschiede zwischen dem Spanisch in Lateinamerika und dem in Mexiko. Deshalb ist es entscheidend, dass Sie einen geeigneten Übersetzer für den von Ihnen präferierten Markt auswählen.

Das Spanisch Europas wird in Lateinamerika generell besser akzeptiert, nicht aber umgekehrt. Das liegt nicht etwa daran, dass die Unterschiede in der Sprache nicht verstanden werden, sondern daran, dass es den Leser irritiert. Und ab und an kommen Worte vor, die zwar in der einen Region, nicht jedoch in der anderen verstanden werden. Genauso gibt es beispielsweise Worte im britischen Englisch, die im amerikanischen Englisch überhaupt nicht benutzt werden.

Ist Ihr Buch ein weltweiter Bestseller, dann kann es sinnvoll sein, auf diese Varietäten einzugehen. Ansonsten muss man einen Kompromiss eingehen und sich bewusst für eine Sprachvarietät entscheiden.

Was die spanische Sprache betrifft, so bevorzuge ich das Spanisch Europas gegenüber dem Mexikos. Ein guter Übersetzer wird im Spanischen stets versuchen, die Übersetzung in einem Standard-Spanisch zu verfassen, doch es wird immer wieder zu Situationen kommen, in denen sich der Übersetzer für eine Variante entscheiden muss. Die Übersetzung wird sich dann zwar nicht für alle Märkte eignen, aber für die überwiegende Mehrzahl und sie wird dennoch von den meisten Lesern anderer Sprachvarietäten akzeptiert werden.

Es ist einfach nicht praktikabel, eine Version für jede Sprachvarietät zu haben. Entscheiden Sie sich deshalb für die, die Ihnen am wichtigsten ist. Da man nicht immer die gleichen Kriterien ansetzen kann, empfiehlt es sich, ein paar Muttersprachler um

Rat zu fragen. Es ist meistens die Sprachvarietät des Ursprungslands, aber nicht immer.

Beim Portugiesischen sieht es etwas anders aus. Ich habe mich dafür entschieden ins brasilianische Portugiesisch übersetzen zu lassen, da damit ein größerer Markt abgedeckt wird als mit dem Portugiesisch, das in Europa gesprochen wird. Es ist mir durchaus bewusst, dass ich damit einige portugiesischsprachige Leser in Europa vergraulen werde, doch ich habe auf den meines Erachtens profitableren Markt gesetzt.

Ich habe mich ebenso für das Französisch entschieden, das in den europäischen Ländern gesprochen wird, wohl wissend, dass sich französisch sprechende Kanadier davon nicht sehr angesprochen fühlen werden, obwohl es sich dabei auch um einen recht großen Markt handelt. Ich weiß ebenso, dass man sozioökonomische Überlegungen in Betracht ziehen muss und dass auch ich bei meinen Entscheidungen Kompromisse eingehen muss.

Andere Autoren werden sich, entsprechend ihrem Zielmarkt und dessen Zukunftsprognosen, wieder anders entscheiden und so gelten die von mir getroffenen Annahmen für meine Bücher, es muss jedoch nicht der richtige Ansatz für Sie sein.

Auswertung von Rezensionen bereits übersetzter Bücher

Auch gute Rezensionen bereits übersetzter Bücher können problematisch sein. Wie bei allen Büchern geben oftmals Freunde des Übersetzers oder Familienmitglieder die Bewertungen ab, die dem Buch einfach nur zu einem guten Start verhelfen wollen. Meistens heben sie dabei die gute Übersetzung hervor. Die meisten Leser denken beim Lesen überhaupt nicht an die Übersetzung. Somit kann man schon einmal alle Bewertungen ignorieren, die hervorheben, wie toll die Übersetzung an sich ist.

Internetpräsenz

Sie sollten auch nach Informationen suchen, die die Internetpräsenz des Übersetzers betreffen. Ein professioneller Auftritt, wie etwa eine eigene Internetseite, ist ein gutes Zeichen und kann Ihnen Zugang zu weiteren Informationen, wie etwa zu Spezialisierungsgebieten und Preisen, verschaffen.

Es ist auch hilfreich, wenn man in den verschiedenen nationalen Übersetzerverbänden, wie etwa dem ATA American Translators Association nachsieht, ob der Übersetzer dort Mitglied ist. Die Mitgliedschaft selbst ist zwar keine Qualitätsgarantie, läßt jedoch auf gewisse Mindestqualifikationen schließen. Auf einigen Übersetzerplattformen, wie beispielsweise ProZ.com, kann man auch Bewertungen finden, die auf den Ergebnissen der dort angebotenen Sprachkompetenz-Tests basieren. So kann man die Suche Schritt für Schritt weiter eingrenzen.

Bewertung der Testübersetzung

Auf den meisten Internetplattformen läuft es vergleichbar ab. Zuerst liefert der Übersetzer dem Autor eine kurze Testübersetzung. Wird sie vom Autor akzeptiert, dann arbeitet der Übersetzer eine längere Testübersetzung aus, die normalerweise rund zehn Seiten umfasst. Dabei müssen es nicht die ersten zehn Seiten des Buches sein und manche Übersetzer nehmen den Text für die Testübersetzung aus der Mitte des Buches, dort wo man spezifische Begriffe oder Buchstellen findet, die entweder schwer oder nicht eindeutig zu übersetzen sind.

Wenn Sie die Testübersetzung erhalten, dann sollten Sie sich nach einem Mutterprachler umsehen. Idealerweise ein Leser oder Autor Ihres Genres, der den Fluss und die Lesbarkeit des Textes beurteilen kann und Ihnen bestätigt, dass es gut geschrieben ist und die Stimme des Autors und dessen Stil getroffen wurden.

Jetzt wird es allerdings etwas kompliziert, denn wie sollen Sie beurteilen können, ob derjenige, der die Übersetzung beurteilt, qualifiziert genug ist zu entscheiden, ob der Text gut genug ist oder nicht. Wenn der Text von jemandem begutachtet wird, der selbst Literaturübersetzer ist, Erfahrung hat und selbst gut bewertet wurde, dann kann man sich wirklich auf dessen Wort verlassen.

Doch da Sie noch ganz am Anfang stehen, werden Sie vermutlich keine weiteren Literaturübersetzer kennen. Es gibt spezielle Plattformen für Autoren auf denen man gute Bewerter finden kann. Zudem gibt es noch jede Menge anderer Plätze, auf denen sich Autoren tummeln. Möglicherweise gibt es dort multilinguale Autoren, die sich in genau dieser Sprachkombination auskennen. Sie können die Grammatik, die Wortwahl und die Qualität der Testübersetzung im allgemeinen beurteilen, aber auch, ob der Originaltext angemessen übersetzt wurde.

Auf ProZ oder Upwork kann man zudem nach einem weiteren Übersetzer suchen, der die Testübersetzung bewerten kann. Sie sollten dabei nur sicherstellen, dass derjenige, der bewertet, zumindest über die gleiche Erfahrung und das gleiche Potential verfügt wie Ihr potentieller Übersetzer. Das wird allerdings leicht zur Zwickmühle, wenn Sie die Sprache nicht verstehen. Deshalb ist es so wichtig, die Referenzen des Übersetzers zu überprüfen, denn sie sind ein objektiver Maßstab für dessen Qualifikation.

Wenn Sie einen Freund oder eine Freundin darum bitten, Ihre Testübersetzung zu bewerten und die Zielsprache nicht deren Muttersprache ist oder der- oder diejenige nicht länger in diesem Land lebt, dann machen Sie das nur unter Vorbehalt. Wenn derjenige oder diejenige nicht regelmäßig in der Zielsprache und dem Genre liest, dann können Sie durch deren Bewertung auf den falschen Weg geführt werden.

Versuchen Sie, wenn möglich, immer mehrere Meinungen über die Qualität der Übersetzung einzuholen. Und machen Sie klar, worauf Sie bei der Bewertung Wert legen. Sie sollten sicher gehen, dass es sich bei der Übersetzung nicht nur um eine wörtliche Übersetzung handelt, sondern auch, dass die Tonalität und die Emotionalität des Ausgangstextes getroffen wird. Ihr Buch soll schließlich unterhalten, deshalb muss zum einen der Inhalt des Buches wiedergegeben werden, zum anderen aber auch die Leidenschaft eines Liebesromans oder der blanke Horror eines Horror-Romans.

Wenn man sich für ein Übersetzerteam entscheidet, dann kann man zunächst über ein paar Schreibfehler hinwegsehen, denn die Endversion wird von einem zweiten Übersetzer Korrektur gelesen. Jedoch sollte man bei einem Übersetzer, der seine Testübersetzung ohne sorgfältige Überarbeitung eingereicht hat, vorsichtig sein. Sie sollten sich nach einem Übersetzer umsehen, der genauso sorgfältig arbeitet wie Sie selbst, denn es geht um Ihren Ruf.

Die ganzen Bewertungsschritte sind zwar zeitaufwendig, aber die Mühe lohnt sich. Wenn man am Ende auf einer schlechten Übersetzung sitzen bleibt, nur weil man zuvor seine Auswahl nicht sorgfältig genug getroffen hat, dann kann das schwerwiegende und langfristige Auswirkungen haben.

Wenn Sie für die Übersetzung ein Pauschalhonorar gezahlt haben, dann geht schlimmstenfalls Ihr Geld verloren. Doch wenn man sich für Royalty-Sharing entschieden und die Übersetzung akzeptiert hat, dann ist man vertraglich dazu verpflichtet, das Buch unter dem eigenen Namen und dem eigenen Autorenlabel zu veröffentlichen. Zudem ist man für die gesamte Vertragslaufzeit an den Übersetzer gebunden und kann die Übersetzung nicht vom Markt nehmen und das Buch von einem anderen Übersetzer erneut übersetzen lassen.

CHECKLISTE für die Auswahl des Übersetzers
Ich benutze für meine Übersetzungen die nachfolgende Checkliste. Dabei gibt es natürlich immer Ausnahmen von der Regel, aber mit Hilfe dieser Checkliste kann ich zumindest den

Kreis der Übersetzer auf diejenigen einschränken, die gewissen Mindestanforderungen entsprechen.

- Berufsnachweise, wie beispielsweise die Mitgliedschaft in Berufsverbänden wie der American Translators Association (ATA) oder vergleichbaren Verbänden in anderen Ländern. Je nach Land kann dies ein Hinweis darauf sein, dass der Übersetzer gewisse Eignungstests bestanden hat. Eine Mitgliedschaft in einem Verband heißt für mich jedenfalls, dass der Übersetzer seinen Beruf und seine Übersetzerkarriere auch ernst nimmt.
- Eine formale Ausbildung, wie beispielsweise ein Bachelor- oder Masterabschluss in den Übersetzungswissenschaften. Überprüfen und vergleichen Sie die unterschiedlichen Abschlüsse in den verschiedenen Ländern. Manchmal werden Sie unter andere Fachbereiche subsummiert, wie etwa in Frankreich, wo der Abschluss in den Fachbereich Philosophie gehört.
- Die Muttersprache des Übersetzers ist die Zielsprache und der Übersetzer sollte die Ausgangssprache weitgehend beherrschen (mindestens auf dem Sprachniveau, auf dem Ihr Buch geschrieben wurde).
- Das Profil des Übersetzers sollte in der Ausgangssprache gut geschrieben sein, ohne Schreib- und Grammatikfehler. Das betrifft sowohl das Profil selbst, als auch die nachfolgende Kommunikation.
- Nachprüfbare Qualifikationen, wie beispielsweise die Mitgliedschaft in Verbänden, Rezensionen oder die aktive Teilnahme auf der Internetplattform ProZ.com.
- Erfahrungen im Bereich der Literaturübersetzung und gute Buchrezensionen im Internet.

- Bewertungen anderer Autoren. Tipp: Lesen Sie zwischen den Zeilen.
- Die Qualität der Übersetzung wird in der Buchrezension erwähnt. Damit fällt der Übersetzer schon einmal raus, denn der Leser sollte nicht bemerken, dass es sich um eine Übersetzung handelt. Aus der Buchrezension geht hervor, dass es sich um eine schlechte Übersetzung handelt oder im Falle einer zu guten Rezension, dass sich diese jemand ausgedacht hat.
- Der Übersetzer hat zu viele Projekte auf dem Tisch (das könnte sich auf die Übersetzung selbst oder auf den Zeitplan auswirken).
- Der Übersetzer interessiert sich für Ihr Buch. Ich habe festgestellt, dass die Übersetzer die Besten sind, die gewisse Genres bevorzugen und das Buch lesen wollen, bevor sie eine Entscheidung treffen. Sie nehmen nur Projekte an, die sie interessieren und von denen sie ausgehen, dass auch etwas daraus wird. Daran erkennt man meiner Meinung nach Professionalität.
- Lebensmittelpunkt: Wenn der Übersetzer seit Jahren nicht mehr im Land der Muttersprache lebt, dann kann es sein, dass ihm die neuesten Formulierungen, die Umgangssprache und spezielle Ausdrücke nicht mehr geläufig sind. Das ist sicher wichtiger für Liebesromane, die in der heutigen Zeit spielen, als für Historienromane. Man muss also abwägen.
- Testübersetzungen sind wichtig, können aber ihre Tücken haben. Suchen Sie einen Korrekturleser, der nach Grammatik- oder Übersetzungsfehlern sucht. Jemanden zu kennen, der die Sprache spricht, ist hilfreich, doch wenn der- oder diejenige nicht ständig in dieser Sprache Bücher Ihres Genres liest, dann

wissen Sie letztendlich auch nicht, ob es gut übersetzt wurde oder nicht. Man kann dies für die Bewertung der Übersetzung hinzuziehen, es sollte aber nie das einzige Kriterium sein.
- Vertrauen Sie Ihrem Bauchgefühl. Manchmal sehen die Leute auf dem Papier gut aus, aber Ihr Bauchgefühl sagt Ihnen etwas anderes. Vertrauen Sie diesem Gefühl.

8

VERÖFFENTLICHUNG DES ÜBERSETZTEN BUCHES

Überarbeitung & Veröffentlichung
Buchtitel

Beziehen Sie Ihren Übersetzer bei der Auswahl des Buchtitels mit ein. Sie sollten sich nicht für eine wortgetreue Übersetzung des Titels entscheiden, sondern für eine, die den Kern des Buches trifft und den Leser auf das Buch und das Genre aufmerksam macht. Die Genre und Buchkategorien sind in den verschiedenen Ländern zum Teil sehr unterschiedlich. Es empfiehlt sich daher, auf die größeren Verkaufsplattformen der jeweiligen Zielsprachenländer zu gehen und sich die dortigen Buchkategorisierungen anzusehen. In vielen Ländern wird das Genre auch im Untertitel genannt. Französische Thriller erscheinen oft mit dem Untertitel "Policier/ Thriller", in den Niederlanden als "Thriller" und so weiter.

Wichtig ist auch zu entscheiden, ob man nicht bereits Metadaten in den Titel und/oder den Untertitel miteinbeziehen sollte. Es lohnt sich durchaus, dem Übersetzer die Vorteile von Suchbegriffen zu erklären, aber ich rate dazu, dass Sie dem Übersetzer Ihre konkreten Vorschläge unterbreiten. Es ist immer besser nicht nur einen Titel und einen Untertitel anzubieten, sondern eine ganze Auswahl an Titeln, in denen die von Ihnen gewünschten Suchbegriffe enthalten sind. Lassen Sie sich dann vom Übersetzer erklären, welche davon geeignet oder eher ungeeignet sind. Die richtigen Suchbegriffe im Titel und Untertitel zu haben, kann darüber entscheiden, ob Ihr Buch gesehen wird oder nicht und das sollten Sie ausnutzen.

Ich will damit nicht sagen, dass der Titel 60 Wörter umfassen und alle nur erdenklichen Suchbegriffe enthalten sollte. Das verschlechtert nur die Optik Ihres Buches. Doch wenn es sich bei Ihrem Buch um einen Liebesroman handelt, dann bringen Sie dieses Wort und das Sub-Genre zumindest in Ihrem Untertitel unter und zwar genauso, wie es bereits bei anderen Büchern dieses Genres gemacht wurde.

Es sollte sich dabei um die offiziellen Bezeichnungen der jeweiligen Sprache handeln, da die Kategorien von Sprache zu Sprache unterschiedlich sind. Wird ihr Liebesroman ins Französische übersetzt, dann informieren Sie sich vorher in französischen Online-Buchläden wie fnac.com und Amazon.fr und vergleichen dort, wie die Bücher kategorisiert sind. Indem Sie den passendsten Suchbegriff in Ihren Untertitel integrieren, geben Sie dem französisch sprechenden Leser von Liebesromanen eine weitere Möglichkeit, Ihr Buch zu finden.

Ich würde Ihnen auch empfehlen, Ihre Zielsetzungen, was die Auffindbarkeit Ihres Buches im Internet betrifft, mit Ihrem Übersetzer zu besprechen. So kann der Übersetzer bereits während der Übersetzung des Buches über den Titel nachdenken. Ein guter Übersetzer wird einen Buchtitel wählen, der nicht nur der Auffindbarkeit gerecht wird, sondern auch den Leser in den Bann zieht und ihm bereits vermittelt, welches Leseerlebnis ihn erwartet.

DRUCKVORLAGE

Bei der Formatierung und Ausarbeitung der Druckvorlage

folgen Sie immer den gleichen Schritten, unabhängig davon, welche Vereinbarungen Sie für die Übersetzung selbst getroffen haben. Vergewissern Sie sich, dass der formatierte Text die Sprachspezifika der jeweiligen Sprache enthält. Die Satzzeichen und Leerzeichen können in anderen Sprachen ebenfalls differieren. Seien Sie bei Durchsicht des Manuskripts besonders vorsichtig, dass Sie nicht aus Versehen etwas verändern.

Vergessen Sie nicht, den Übersetzer unterhalb Ihres Namens zu erwähnen. Erwähnen Sie ihn auch auf den Publikationsplattformen.

Umschlaggestaltung

Sie werden ein neues Cover für Ihr Buch brauchen. Die traditionellen Verlagshäuser entwerfen oft für jeden Schlüsselmarkt ein eigenes Buchcover, um den lokalen Vorlieben gerecht zu werden. Beispielsweise wird das Buchcover eines amerikanischen Liebesromans detailgenauer sein als das des britischen Pendants. Die Verlagshäuser passen die Buchcover an, damit sie auf den lokalen Absatzmärkten ebenfalls attraktiv sind.

Als Self-Publisher haben Sie lediglich die Möglichkeit ein Cover pro Buch hochzuladen, es sei denn, man hat zwei verschiedene Auflagen. Für das reine Marketing ist das aber nicht notwendig.

Jedoch werden die Buchcover manchmal den eher konservativen Werten anderer Länder oder deren gesetzlichen Vorschriften angepasst. Wenn Sie nicht gerade ein schnittiges Bild auf dem Cover ihres Erotikromans haben oder politisch fragwürdige Bilder auf dem Cover ihres Kriegsromans, dann brauchen sie sich darüber keine Gedanken zu machen.

In den meisten Fällen kann man das Bild auf dem Buchcover lassen und muss lediglich die Textelemente verändern. Das macht der Coverdesigner meist umsonst oder für einen geringen Betrag.

Bei Taschenbüchern muss man die Breite des Buchrückens anpassen, da der Seitenumfang des übersetzten Buches je nach Sprache differieren kann.

Veröffentlichung des Buches

Sie sollten einerseits überprüfen, ob die sprachspezifischen Zeichen im formatierten Buchtext auch beibehalten wurden, andererseits aber auch, ob der Buchtitel und die Metadaten auf den verschiedenen Vertriebsplattformen an der richtigen Stelle, zum Beispiel in den beschreibenden Feldern, wiedergegeben wurden.

Selbst wenn die Daten in die Eingabefelder korrekt eingegeben wurden, kann es zu Formatierungsverlusten kommen, wenn das Buch in den Handel kommt. Überprüfen Sie dies deshalb nochmals nach Veröffentlichung.

Ich habe herausgefunden, dass zum Beispiel CreateSpace die Akzente im Französischen nicht überträgt. Es scheint manchmal zu funktionieren, manchmal aber auch nicht. Es ist sehr wichtig, dass der Buchtitel korrekt ist, damit das Buch bei einer Internetsuche auch gefunden wird. Sollten Sie auffällige Formatierungsfehler im Buchtitel finden und diese nicht selbst korrigieren können, dann setzen Sie sich mit CreateSpace in Verbindung und bitten Sie sie darum, die Korrekturen vorzunehmen.

Ansonsten funktioniert die Formatierung und die Generierung der Datei für das übersetzte Buch genau gleich.

Strategie für die Markteinführung

Es ist immer gut, die Strategie für die Markteinführung mit dem Übersetzer zu besprechen, da er möglicherweise helfen kann oder Ihnen zumindest ein Feedback zu Ihren Plänen geben kann. Man kann ebenfalls um Hilfe bei der Übersetzung der Werbetexte bitten, falls Sie beispielsweise vorhaben, Werbung für das Buch auf Facebook zu platzieren. Sollten Sie oder Ihr Übersetzer irgendwelche Blogger kennen, die im Buchbereich posten, dann sollten Sie sich mit ihnen in Verbindung setzen und ihnen dafür anbieten, dass Sie sie in Ihre Mailingliste aufnehmen. So können Sie sich eine sprachspezifische Mailingliste aufbauen. Das ganze Thema wird im nächsten Kapitel behandelt werden.

Ich habe für jede Sprache eine eigene Mailingliste. Durch die unterschiedlichen Mailinglisten ist es möglich, zu jeder Neuerscheinung Mitteilungen und Updates in der jeweiligen Sprache zu versenden. Zudem wird es dadurch einfacher, die Klickraten und andere Erfolgsgrößen für jede Sprache separat zu überwachen.

9
MARKETING & WERBUNG

Kommt Ihr Buch neu auf den Markt, dann ist die Produktsichtbarkeit in den ersten Tagen und Wochen zunächst hoch, doch was dann? Es dauert nicht lange, bis es in Vergessenheit gerät und in der Flut der Bücher untergeht. Mit jeder neuen Veröffentlichung werden Ihre Bücher weiter verdrängt, bis sie schließlich und endlich niemand mehr kennt.

Zwar gibt es weniger Bücher auf den nicht englischsprachigen Märkten, doch es gibt dort auch weniger Leser. Ihr Buchcover sieht großartig aus und ihr Klappentext ist gelungen, doch das nützt alles nichts, wenn niemand Ihr Buch finden kann. Was kann man also tun, damit das Buch aus der Masse heraussticht?

Die gute Neuigkeit ist, dass vieles von dem, was Sie bisher mit Ihren Büchern in dieser Hinsicht gemacht haben, auch auf anderen Märkten funktioniert. Und da diese Märkte weniger ausgereift sind, als die englischsprachigen Märkte, gibt es dort auch weniger Konkurrenz und das, nicht nur wenn es um das Thema Werbeplätze geht. Ihre Kosten pro Klick werden auf Facebook und anderen vergleichbaren Seiten sicher niedriger sein.

Und dort wo es weniger Leser gibt, wird es auch schwieriger, sie zu erreichen. Die geringere Anzahl von Lesern beruht sowohl auf generellen als auch auf temporären Unterschieden zum englischsprachigen Markt. Zum einen ist die Anzahl der Leser in den meisten anderssprachigen Ländern niedriger (genereller Unterschied). Hinzu kommt eine spätere Leser-Akzeptanz von E-Books oder dem Online-Shopping (temporärer Unterschied). Die nicht englischsprachigen Märkte sind reif für einen Umbruch und es ist nur noch eine Frage der Zeit, bis es auch dort mehr Konkurrenz geben wird. Deshalb ist es wichtig, auf diesen Märkten sichtbar zu werden, solange es noch einfach ist.

Doch wie kann man auf sich aufmerksam machen, wenn man die Sprache nicht spricht?

Der Übersetzer als Marketingfachmann

Die logische Konsequenz ist also jemanden zu fragen, der die Sprache beherrscht. Dabei ist der Übersetzer die erste Person, die mir in den Sinn kommt, da er bereits mit Ihrem Buch vertraut ist und längere Zeit involviert war. Babelcube selbst rät dazu, den Übersetzer in die Vermarktung des Produktes miteinzubeziehen. Oberflächlich betrachtet ist das sicher sinnvoll.

Auf der anderen Seite kennt sich Ihr Übersetzer wahrscheinlich nicht so gut im Bereich Werbung und Marketing aus wie Sie, besonders wenn es um die Vermarktung eines Buches geht. Und wie wir alle wissen, liegt Werbung sowieso den wenigsten. Solange Sie nicht selbst definieren, was Sie unter "Marketing" verstehen, wird der Übersetzer dem Ganzen eher abgeneigt sein.

Viele Übersetzer sind zudem der Ansicht, dass sie mit der Übersetzung selbst bereits genug Arbeit investiert haben und dem stimme ich durchaus zu. Es gibt exzellente Übersetzer, die mit dem ganzen Marketing jedoch nichts zu tun haben wollen. Manchen ist es einfach unangenehm Werbetexte zu schreiben oder sie befürchten, dass Sie sie darum bitten könnten, das übersetzte Buch anschließend aggressiv zu bewerben. Sie wollen auch ganz sicher nicht den ganzen Tag Blogs für Ihr Buch schreiben. Das erwarte ich auch nicht. Ich möchte den Werbetext lieber selbst, in meiner eigenen Sprache, verfassen. Überstützung brauche ich dann auf den letzten Metern, wenn es darum geht, den Werbetext in die Zielsprache zu übersetzen. Die richtigen Blogs und Werbeseiten zu finden, das wäre ebenfalls hilfreich, doch das kann ich noch selbst bewältigen und die Ansprechpartner auf den Seiten beherrschen meine Sprache meist soweit, dass Sie meine Anfragen beantworten können. Es kommt eben darauf an, worum Sie bitten und dass sie das so spezifisch wie möglich tun.

Wenn ich den Werbetext liefere und um Übersetzung bitte oder Fragen habe, die auch beantwortet werden können, dann weiß ich mittlerweile, dass die meisten Übersetzer gerne bereit sind zu helfen. Und wenn nicht, dann ist es auch in Ordnung. In erster Linie geht es doch darum, die bestmögliche Übersetzung für Ihr Buch zu bekommen. Das ist mir lieber als ein Marketingtalent, das nur eine mittelmäßige Übersetzung liefert. Doch wenn Sie jemanden finden können der beides vereint, also den talentierten Übersetzer mit Marketingqualitäten, dann ist das ein Plus.

Die meisten Leute schreckt das ganze Marketing jedoch ab. Wenn man das Ganze allerdings in verschiedene Marketing-Bereiche aufteilt, dann ist es überhaupt nicht mehr so abschreckend. Und wenn jemand die Details kennt, dann nimmt das den ersten Schrecken. Deshalb denke ich, dass es für den Autor besser ist, die Bereiche abzudecken, in denen er sich auskennt und sich das Wissen des Übersetzers für die lokalen Besonderheiten und die sprachlichen Anforderungen zu Nutze macht.

Ich versuche so viel wie möglich selbst zu erledigen, so dass der Übersetzer lediglich noch den Werbetext, den Klappentext und anderes zu übersetzen hat und mich, wenn nötig, wieder auf den richtigen Weg bringt. Ich traue mir durchaus zu, den Werbetext in meiner Sprache selbst zu verfassen und zu entscheiden, wo und wie ich das Ganze vermarkte. Ich tausche mich gerne mit dem Übersetzer über meine Ideen aus und bekomme so oft gute Hinweise.

Häufig gebe ich den englischsprachigen Werbetext einfach meinem Übersetzer mit der Bitte, diese zehn oder mehr Wörter zu übersetzen. So bekomme ich auch ein Feedback, ob die Graphiken der Anzeige auch für diesen Markt geeignet sind, ob der graphische Teil und die Headline auch ansprechend genug sind. Anschließend integriere ich den übersetzen Werbetext et voilà, schon habe ich eine Werbung, die ich direkt auf Facebook oder für andere Werbezwecke nutzen kann.

Ich teile dem Übersetzer meine werblichen Ziele mit und gebe ihm ein Informationsblatt mit dem Buchtitel, dem Klappentext, den Graphiken und den Links. Auf diese Weise kann der Übersetzer nahezu mühelos das übersetzte Buch bewerben. Generell bitte ich den Übersetzer nur um Hilfe, wenn es um Bereiche geht, in denen ich mich nicht auskenne und Zweifel habe. Es gibt kein One-Fits-All-Konzept, deshalb müssen Sie das Ganze entsprechend anpassen.

Im Idealfall ist es eine Gemeinschaftsarbeit. Der Autor sorgt für den zu übersetzenden Werbetext und anschließend kümmern sich beide darum, mögliche Internetseiten für die Werbung zu finden. Ich glaube, dass Werbe-Websites nur eine temporäre Lösung zur Vermarktung von Büchern sind und zwar nur solange, bis die großen Vertriebsplattformen wie Amazon, Apple, Google Play und Kobo mehr Pay-Per-Click-Werbung anbieten oder andere Werbemöglichkeiten, so wie sie es gerade auf dem englischsprachigen Markt begonnen haben. Das macht die Sache einfach, denn dann braucht man nur noch den übersetzten Werbetext, das übersetzte Buchcover und ein paar Suchbegriffe und schon kann es losgehen.

· · ·

Werbung auf Internetseiten

Bis es soweit ist, müssen Sie jedoch andere Wege finden, um auf Ihr Buch aufmerksam zu machen. Das können zum Beispiel Buch- und Literaturblogs oder andere Werbeplätze sein. Idealerweise kennt Ihr Übersetzer ein paar dieser Seiten. Wenn nicht, dann sollten Sie ihm ein paar Hinweise geben, wie man sie finden kann.

Sie können sie natürlich auch selbst finden. Suchbegriffe in der jeweiligen Sprache, wie "E-Book Schnäppchen" oder ähnliche Sprüche, sollten Sie zu den wichtigsten Seiten führen. Google Translate ist hierfür sehr praktisch, da man damit nahezu jede Internetseite in seine eigene Sprache übersetzen lassen kann. So kann man nachsehen, ob die Seite für die eigenen Werbezwecke geeignet ist.

Anzeigen auf Facebook sind auch sehr effektiv, denn dieser Werbemarkt ist nicht so gesättigt, wie beispielsweise der für den englischsprachigen Buchmarkt. Und wenn es weniger Konkurrenz gibt, dann sind die Preise auch realistischer. Wie effektiv das Ganze ist, hängt jedoch davon ab, wie populär die Plattform in dieser Sprache selbst ist.

Ich habe zum Beispiel einmal für eine Buchveröffentlichung in den Niederlanden eine Anzeige auf Facebook geschaltet, die wenig erfolgreich war und das, obwohl mein Buch dort beliebt war. Ich wusste, dass mein Buch dort populär war und dass das Cover die Leser ansprach. Ich hatte die richtige Zielgruppe anvisiert. Zudem war ich der Überzeugung, dass Facebook dort ebenfalls populär ist. Trotzdem ohne Erfolg. Möglicherweise lag das Problem in der Anzeige selbst oder am Werbespruch oder vielleicht hatte ich doch nicht die richtige Zielgruppe angesprochen. Bei der Werbung weiß man das eben nie so genau, doch die Evaluation der Werbewirksamkeit wird erst zu einer richtigen Herausforderung, wenn man die Werbung in einer anderen Sprache schaltet.

Wenn man nicht aufpasst, können sich Marketing- und Werbungskosten wirklich aufaddieren. Entwirft man zum Beispiel eine Anzeige für Facebook, dann ist es am sinnvollsten, gleich mehrere Variationen dieser Anzeige auszuprobieren, um herauszufinden, welche am besten ankommt. Schaltet man gleichzeitig zwei nahezu identische Werbeanzeigen, die sich lediglich in einem Merkmal unterscheiden, dann nennt man das einen A/B-Test. Auf diese Weise lässt sich eingrenzen, wodurch Wirkung erzeugt wird und wodurch nicht. Sobald man die Anzeige gefunden hat, die die meisten Klicks generiert, sollte man von allen anderen absehen und sein Geld nur noch für die Erfolgreichste ausgeben. Auf lange Sicht gesehen spart das Geld.

Egal auf welche Weise Sie Werbung betreiben, der Profit kann leicht schwinden oder man kann sogar in eine Verlustsituation kommen, wenn man sich nicht an sein Budget hält, die Werbewirkung zuvor nicht sorgfältig analysiert und falls nötig Modifizierungen vornimmt.

Und Sie können sich sicher vorstellen, dass sich leichter Gewinne erzielen lassen, wenn man mehrere Bücher auf dem Markt hat, denn wenn die Leser Ihr Buch mögen, dann wird das zu Folgeverkäufen führen. Deshalb empfehle ich, erst einmal ein paar Bücher derselben Sprache auf dem Markt zu haben, bevor man mit den Werbemaßnahmen beginnt.

Die beste Werbefläche ist sowieso die Rückseite des Buchumschlags. Es ist am einfachsten, die Aufmerksamkeit des Lesers zu bekommen, solange er sich noch im Wirkungsfeld Ihres Buches befindet. Werben Sie mit einem Werbespruch auf der letzten Seite für den Kauf Ihres nächsten Buches oder für die Möglichkeit sich auf Ihre E-Mail-Liste setzen zu lassen, damit man über Neuerscheinungen informiert wird.

Die hintere Umschlagseite ist mit dem Immobilienmarkt in Manhattan vergleichbar. Sie ist die Toplage für die Kommunikation mit Ihren Lesern. Das wird umso wichtiger, falls Sie die

Sprache nicht sprechen, denn Ihre Bloggerqualitäten oder Ihre Fähigkeiten in der anderen Sprache zu kommunizieren sind begrenzt. Alles was Sie brauchen ist etwas, dass keiner Übersetzung bedarf: Der Link zu Ihrem nächsten Buch. Ich gehe immer sicher, dass meine Links so aufgebaut sind, dass meine Bücher der Sprache nach aufgeführt werden. Auf diese Weise muss sich der Leser nicht zuerst durch eine Reihe englischsprachiger Bücher arbeiten.

Das ist zwar eher eine passive Werbestrategie, dafür wahrscheinlich die Effektivste. Jeder, der Ihr Buch fertig gelesen hat, hat es mit Sicherheit genossen und gehört somit wahrscheinlich zu Ihren treuesten Lesern, zu jenen, die auch Ihr nächsten Buch kaufen werden, sobald es auf den Markt kommt. Sie werden Ihr Buch auch sehr wahrscheinlich ihren Freunden weiterempfehlen.

Eine Internetseite oder mehrere?

Wie so oft muss man auch hier zwischen Perfektion und Praktikabilität abwägen.

Ich habe eine Internetseite pro Buch, auf der das Buch in allen Sprachen zu finden ist und auf der es separate Tabs für jede Sprache gibt. Andere Autoren listen alle fremdsprachigen Ausgaben eines Titels untereinander, auf einer einzigen Seite auf. Obwohl das auf den ersten Blick eine saubere und geordnete Möglichkeit ist, Bücher zu sortieren, sucht der Leser wahrscheinlich nicht nach diesem Prinzip nach weiteren Büchern. Wenn mich ein Leser erst einmal gefunden hat, dann ist doch wichtiger, dass er alle Bücher von mir sehen und kaufen kann, die in seiner Sprache erhältlich sind. Deshalb empfehle ich, dass Sie auf Ihrer Internetseite für jede Sprache eine eigene Sektion haben und dort alle Titel aufführen.

Manche Autoren haben eine Internetseite pro Sprache. Der Nachteil: Die Anzahl der Domänennamen und die damit verbundenen Kosten. Und natürlich die zusätzliche Arbeit. Ein weiterer Nachteil ist, dass sich die Besucher auf viele Seiten verteilen und man deshalb bei den Suchmaschinen nicht so weit oben steht. Ich bin mir nicht sicher, von wie vielen Personen Sie gefunden werden, wenn zuerst nach der Internetseite gesucht wird und man dann durch eine organische Suche weiter zu Ihren Büchern gelangt. Doch je mehr Traffic auf der Internetseite, umso besser.

SOCIAL MEDIA

Sehr wahrscheinlich besitzen Sie bereits eine Facebook-Seite, auf der Sie über Ihre Neuerscheinungen reden und die aktuellsten Informationen dazu bereitstellen. Manche Autoren kreieren für jede Sprache eine separate Facebook-Seite. Das ist eigentlich ideal, aber auch nur dann, wenn Sie für jede Sprache jemanden haben, der die Seite für Sie betreut. Einige Bestseller-Autoren tun das. Der Vorteil ist eine gut aufgebaute Seite, die aus einem Guss ist und sich direkt an die Leser in dieser Sprache wendet. Aber wie bei allem, gibt es auch hier Nachteile. Wenn Sie eine Million im Jahr verdienen, dann kann es sinnvoll sein, diesen zusätzlichen Schritt zu gehen, damit man noch enger mit seinen Fans in Kontakt treten kann.

Man sollte jedoch beachten, dass man, verglichen mit der eigenen Internetseite, selbst wenig Einfluss auf das Geschehen einer Facebook-Seite nehmen kann. Alles kann sich über Nacht ändern und das tut es auch oft. Ich würde nicht so viel Geld in etwas stecken, dass am nächsten Tag bereits verschwunden sein könnte. Es ist wahrscheinlich sinnvoller, wenn man seine Leser davon überzeugt, sich auf Ihrer E-Mail-Liste einzutragen, dort wo Sie die Inhalte bestimmen können.

Die meisten meiner Übersetzer helfen gerne dabei, Blog-Beiträge und Newsletter für Bücher zu übersetzen, die sie selbst übersetzt haben, da sie davon langfristig profitieren werden, sollte sich das Buch gut entwickeln. Übertreiben Sie es eben nicht, indem Sie ständig darum bitten. Ein Newsletter, der sich auf eine Neuerscheinung bezieht, ist eine Sache, aber wenn Sie planen, auf einer monatlichen Basis mit Ihren Lesern in dieser Sprache zu kommunizieren, dann sollten Sie den Übersetzer auch dafür bezahlen.

10

FAZIT

Ich habe einige der Checklisten mit praktischen Tipps in den Anhang aufgenommen, damit Sie einfacher darauf zugreifen können. Die meisten Hinweise sind eigentlich selbstverständlich, doch bei all dem, was zu tun ist, kann man leicht den Überblick verlieren.

Sich mit den Rechten auszukennen, die Sie an Ihrem geistigen Eigentum haben und wie Sie diese zu Geld machen können, das ist genauso wichtig, wie Ihre Entscheidung mit wem Sie zusammenarbeiten werden. Die Märkte können und werden sich ändern, nicht jedoch die Fundamentaldaten und wie man auf sie zugreifen kann. Es ist wichtig zu wissen, worauf man achten sollte und ich glaube, dass ich Ihnen dazu das richtige Handwerkszeug geliefert habe.

Diese Buch wurde mit der Absicht geschrieben, Ihnen einen kurzen Überblick über die derzeitigen Möglichkeiten im Bereich der Literaturübersetzung zu verschaffen und praktische Hinweise zur Entscheidungsfindung zu geben. Es ist ein sich ständig verändernder Markt, aber ich glaube, dass er Autoren, die sich zugleich als Unternehmer verstehen, große Chancen bietet.

Ich hoffe, dass ich Sie davon überzeugen konnte, die ersten

Schritte zu gehen und Ihr Buch in eine andere Sprache übersetzen zu lassen und neue Märkte zu erobern oder zumindest, dass ich Ihnen einen Denkanstoß geben konnte.

Wenn Ihnen das Buch gefallen hat, dann würde ich mich über eine kurze Buchkritik freuen. Ich freue mich über jedes Feedback, denn es hilft mir dabei, mich ständig zu verbessern und meine Bücher den Bedürfnissen meiner Leser anzupassen. Doch am wichtigsten ist mir, meine Erfahrungen mit möglichst vielen Autoren zu teilen. Die Welt ist klein und sie bietet uns viele Chancen, wenn wir sie nur ergreifen.

Lassen Sie nicht von Ihren Träumen ab und viel Glück mit Ihren Übersetzungen!

11

ANHANG - CHECKLISTEN

Hier ein paar Checklisten zum einfachen Nachschlagen. Am besten, Sie beginnen mit der ersten Checkliste (Auswahl der Sprache und des Marktes) und arbeiten sich dann der Reihenfolge nach durch die anderen Checklisten durch.

AUSWAHL DER SPRACHE und des Marktes

Ein idealer Markt zeichnet sich für mich durch mindestens zwei oder mehrere der nachfolgenden Merkmale aus:

HP oder hohe Preise: Bücher brauchen hohe Verkaufspreise.

HW oder hohes Wachstum: Das Lesen ist dort weit verbreitet und seit Jahren stabil oder wird zukünftig an Beliebtheit gewinnen.

NW oder niedriger Wettbewerb: Eine geringe Auflage reicht aus, um die Nachfrage zu decken.

HM oder hohes Marktpotential: Es handelt sich um einen Markt mit hohem Leserpotential.

Genre: Ich stelle sicher, dass mein Genre oder Sub-Genre zu

den Beliebtesten in dieser Sprache und auf diesem Markt gehört und dort über die größten Vertriebsplattformen verkauft wird.

AUSWAHL DER ZAHLUNGSMODALITÄTEN - Pauschalhonorar versus Royalty-Sharing-Vertrag
Pauschalhonorar
Vorteile

- Die Rechte an der Übersetzung gehen sofort in Ihr Eigentum über. Man kann sich frei für die Vertriebskanäle entscheiden, ohne sich mit dem Übersetzer abstimmen zu müssen, denn dies kann Einfluss auf ihr Einkommen haben.
- Man behält weiterhin die derivativen Rechte für andere Formate wie Hörbücher, Taschenbücher oder Filmrechte. Auf diese Weise kann man diese Rechte umgehend nutzen und sie schneller zu Geld machen.
- Preisflexibilität: Man kann sich dafür entscheiden, sein Erstlingsbuch aus Marketinggesichtspunkten kostenlos oder preisgünstig anzubieten, was allerdings gegenüber dem Übersetzer unfair wäre, wenn der Vertrag auf Basis einer prozentualen Beteiligung an der Tantieme abgeschlossen wurde.
- Keine mühsame Buchführung wie bei einem Vertrag auf Royalty-Sharing Basis.
- Die Gefahr von Rechtsstreitigkeiten wird minimiert, da der Vertrag erfüllt ist, sobald das Buch vom Übersetzer geliefert wird.
- Verkauft sich das Buch gut, dann kann es die kostengünstigste Variante sein.
- Die Übersetzung wird in der Regel schnell geliefert, da der Übersetzer die sofortige Bezahlung gegenüber der eher langfristig angelegten Zahlung einer

anteiligen Tantieme und der damit einhergehenden Unsicherheit bevorzugt.

Nachteile

- Man trägt die gesamten Kosten der Übersetzung, was sehr kostspielig sein kann und sich bei mehreren Büchern aufaddiert.
- Das Investment zahlt sich unter Umständen niemals aus. Die Buchpreise können fallen, Abo-Modelle können sich ändern und der Wettbewerb am Markt kann härter werden, mit der Folge, dass die Deckung der Kosten erschwert wird.
- Da der Übersetzer, nachdem er das Produkt geliefert hat, keinerlei Verpflichtungen mehr hat, besteht die Gefahr, dass weniger pflichtbewusste Übersetzer ein qualitativ niedrigeres Produkt liefern. Oftmals bemerkt man die Qualitätsmängel erst, wenn man schlechte Kritiken erntet.
- Der Übersetzer hat oft kein Interesse mehr an der Vermarktung des Buches, da er ja bereits voll bezahlt wurde.

ROYALTY-SHARING (über eine Betreiberplattform)
Vorteile

- Die Betreiber der Übersetzungsplattformen überwachen Umsätze, Zahlungen und übernehmen die steuerliche Seite.
- Über die Übersetzungsplattform kann bei Abweichungen von vertraglichen Klauseln wie beispielsweise bei Nichterfüllung des Vertrags oder

Nichteinhaltung von Deadlines, vermittelnd eingegriffen werden.
- Die Werkverträge schützen Ihr geistiges Eigentum.
- Sobald der Vertrag abgelaufen ist, gehören Ihnen alle Tantiemen und Sie können Ihre Rechte ausschließlich nutzen.
- Sehr kosteneffizient und mit geringem Risiko verbunden.

Nachteile

- Ein Teil des Umsatzes geht an die Betreiber der Übersetzungsplattform. Somit bleibt für Sie und den Übsersetzer weniger Geld übrig.
- Sie können Ihre Nebenrechte, wie die Produktion von Hörbüchern, die auf der Übersetzung basieren, bis zum Ende der Vertragslaufzeit nicht ausüben.
- Zwischen Ihnen und den veröffentlichten Büchern steht ein Mittelsmann, der Ihre Möglichkeiten bei der Festsetzung der Preise und Preisstufen sowie bei der Direktwerbung auf einigen der Vertriebsplattformen einschränkt.

Checkliste für die Auswahl des Übersetzers

- Berufsnachweise, wie beispielsweise die Mitgliedschaft in Berufsverbänden wie der American Translators Association. Je nach Land kann dies ein Hinweis darauf sein, dass der Übersetzer gewisse Eignungstests bestanden hat. Eine Mitgliedschaft in

einem Verband heißt für mich jedenfalls, dass der Übersetzer seinen Beruf und seine Übersetzerkarriere ernst nimmt.
- Eine formale Ausbildung, wie beispielsweise ein Bachelor- oder Masterabschluss in den Übersetzungswissenschaften. Überprüfen und vergleichen Sie die unterschiedlichen Abschlüsse in den verschiedenen Ländern. Manchmal werden Sie in andere Fachbereiche eingeordnet, wie etwa in Frankreich in den Fachbereich Philosophie.
- Die Muttersprache des Übersetzers ist die Zielsprache und der Übersetzer sollte die Ausgangssprache weitgehend beherrschen (mindestens auf dem Sprachniveau, auf dem Ihr Buch geschrieben wurde).
- Das Profil, das der Übersetzers in der Ausgangssprache formuliert hat, sollte gut geschrieben sein, keine Schreib- und Grammatikfehler aufweisen - sowohl im Profil selbst, als auch was die nachfolgende Kommunikation betrifft.
- Nachprüfbare Qualifikationen, wie beispielsweise die Mitgliedschaft in Übersetzerverbänden, Buchrezensionen oder die Teilnahme auf der Internetplattform Proz.com.
- Erfahrungen im Bereich der Literaturübersetzung und gute Buchrezensionen im Internet.
- Bewertungen anderer Autoren. Tipp: Lesen Sie zwischen den Zeilen.
- Die Qualität der Übersetzung wird in der Buchrezension erwähnt. Damit fällt der Übersetzer schon einmal raus, denn der Leser sollte nicht bemerken, dass es sich um eine Übersetzung handelt. Aus der Buchrezension geht hervor, dass es sich um eine schlechte Übersetzung handelt oder im Falle

einer zu guten Rezension, dass sich diese jemand ausgedacht hat.
- Der Übersetzer hat zu viele Projekte auf dem Tisch (das könnte sich auf die Übersetzung selbst oder auf den Zeitplan auswirken).
- Der Übersetzer interessiert sich für Ihr Buch. Die besten Übersetzer bevorzugen gewisse Genres und wollen das Buch zuerst lesen, bevor sie eine Entscheidung treffen. Sie nehmen nur Projekte an, die sie interessieren und von denen sie ausgehen, dass sie auch etwas daraus wird. Daran erkennt man meiner Meinung nach Professionalität.
- Lebensmittelpunkt Wenn der Übersetzer seit Jahren nicht mehr im Land der Muttersprache wohnt, dann kann es sein, dass ihm die neuesten Formulierungen, die Umgangssprache und spezielle Ausdrücke nicht mehr geläufig sind. Das ist sicher wichtiger für Liebesromane, die in der heutigen Zeit spielen, als für Historienromane. Man muss also abwägen.
- Testübersetzungen sind wichtig, können aber ihre Tücken haben. Sie können auch einen Leser fragen, ob Grammatik- oder Übersetzungsfehlern vorhanden sind. Jemanden zu kennen, der die Sprache spricht, ist hilfreich, doch wenn der- oder diejenige nicht ständig in dieser Sprache Bücher Ihres Genres liest, dann wissen Sie letztendlich auch nicht, ob es gut übersetzt wurde oder nicht. Man kann dies für die Bewertung der Übersetzung hinzuziehen, aber nie als einziges Kriterium.
- Vertrauen Sie Ihrem Bauchgefühl. Manchmal sehen die Leute auf dem Papier gut aus, aber Ihr Bauchgefühl sagt Ihnen etwas anderes. Vertrauen Sie diesem Gefühl.

ANMERKUNGEN

1. Literaturübersetzung - ein weites Feld

1. Das vorliegende Buch verwendet sprachlich das generische Maskulinum (z.B. Übersetzer) zu sprachlichen Vereinfachung und impliziert gleichermaßen die weibliche Form (Übersetzerin). Eine Ausnahme bilden die Inhalte, die ausdrücklich auf Frauen bezogen sind.

www.ingramcontent.com/pod-product-compliance
Lightning Source LLC
Chambersburg PA
CBHW030040100526
44590CB00011B/282